정신분석 아카데미 시리즈 5

# 정신분열증, 그 환상의 세계로 가다
## : 타임머신 사나이와의 대화

박순아 지음

정신분석 아카데미 시리즈 5

**정신분석 아카데미 시리즈**는 정신분석학 분야의 우수한 논문들을 단행본으로 출간함으로써 한국의 정신분석학의 발전에 기여하는 것을 목적으로 하고 있으며, 이 시리즈의 책들의 판매에서 발생하는 수익금은 전액 한신대학교 정신분석대학원 장학기금으로 사용되고 있습니다. 이 시리즈에 포함될 논문은 한신대학교 정신분석대학원 논문심사위원회에서 선정합니다.

# 목 차

# Ⅰ. 서론

## 1. 연구의 동기 및 목적

### 현대 정신분열증 치료의 한계

정신분열증(schizophrenia)은 시대와 학자에 따라 명칭과 병인을 달리해 왔다.[1] 우리나라는 2011년 "정신분열증에 대한 사회적 편견을 해소하고 국민들에게 보다 긍정적인 명칭으로 개정할 필요성이 있어 조현병으로 변경했다."[2] 병의 원인은 크게 환경적, 심리적, 생물학적, 유전적 4가지 차원에서 접근이 이루어졌지만 어느 하나의 요인으로 단정 짓기는 어려우며 다수의 요인들이 복합적으로 작용한다는 의견이 우세하고 있다.[3] 이들에 대한 치료는 1950년대 항정신성 약물이 개발되면서 기존에 입원치료에만 의존했던 것에서 점차 약물치료로 대체가 일어났다. 약물은 환자의 증상을 완화시키는데 큰 공헌을 하였고 오늘날 정신분열증 치료에서 필수적인 요소로 자리매김 하고 있다. 따라서 환자들에게 가장 중요한 것은 지속적으로 약물을 복용하는 것이 되고 있다.

그러나 약물은 증상의 완화는 가져왔지만 복용에 따른 심각한 부작용을 야기했고 이로 인해 많은 환자들은 약물을 거부하고 있다. 약물은 신체의 여러 기능에 영향을 미치고 복용이 길어질수록 환자의 삶에 대한 주도성은 떨어진다. 따라서 증상이 심할 때는 약물을 복용하지만 약물로 인해 증상이 완화되면 약물을 끊는 패턴을 반복함으로써 입원과 퇴원을 되풀이하게 되고 증상을 더 악화시키는 경우들이 다수 있다. 이는 기본적인 일상생활마저 할 수 없는 결과를 초래하기도 한다.

정부와 관련 기관들에서는 다양한 방법으로 정신분열증 환자들이 기본적인 삶을 살아 갈수 있도록 노력을 기울이고 있다. 서울시만 하더라도 사회복귀시설로 이용 형태에 따라서 입소시설(입소생활시설), 이용시설(지역사회재활 사업/직업재활시설), 주거시설(생활시설)을 운영하고 있다.[4] 이곳에서는 병원을 퇴원한 환자들이 재입원 하지 않고 일상생활을 영위해 가도록 돕는데 그 목적을 두고 있다. 환자들은 공동체 생활을 통해 청소, 위생, 대인관계 등 가장 기본적인 생활수칙을 익히게 되며 무엇보다 환자들이 자신의 병식(病識)을 이해하고 약물을 꾸준히 복용하도록 많은 교육들이 이루어지고 있다. 또한 환자들의 삶의 질 향상에도 많은 관심을 갖고 체육활동, 종이접기, 음악 감상 등 다양한 취미활동 프로그램을 운영하고 있다. 그러나 이러한 다각적인 노력에도 불구하고 환자의 수는 감소하지 않고 늘어나는 추세에 있다. '국민건강보험공단에 따르면 2010년 9만 4천명이었던 환자 수가 2015년에는 10만 4천명으로 10.6%의 증가율을 보이고 있다'고 한다.[5] 환자수의 증가에는 여러 가지 요인들이 있겠지만, 현재 정신분열증 환자에게 행해지고 있는 약물복용, 교육, 그리고 재활적 접근이 환자들에게 미치는 영향에 대한 치료적 효과 측면에서의 검토가 필요하다. 최근 비(非)약물적인 치료적 접근으로 음악이나 미술, 영화를 통한 심리치료들이 환자의 자아기능을 회복시키고 대인관계에서 호전을 보이며 불안을 감소시킨다는 연구 결과들이 나오고 있다.[6] 그러나 대부분의 경우 치료적 접근보다는 프로그램의 형태로 집단을 대상으로 이루어지며, 기간은 보통 12회기나 24회기 길게는 36회기 중심으로 이루어지고 있다. 따라서 환자들에게 얼마나 지속적으로 영향을 미치고 있는지는 연구가 더 필요한 부분이다. 정신분열증이 지속적인 관리가 필요하다고 강조되는 만큼, 심리치료에 있어서도 장기간의 치료적 접근이 필요하다.

## 정신분열증에 대한 정신분석적 접근

정신분석의 창시자인 프로이트는 정신분열증을 분석의 대상에서 제외시켰다. 이들은 정신분석의 중요한 요소인 전이(transference)의 능력이 없거나 불충분하다고 보았기 때문이다. 이 당시 프로이트가 말하는 전이는 환자가 분석가를 분리된 대상으로 인식하고 전이하는 대상전이였다. 즉 유아가 초기 삶에서 자기와 대상의 구분이 어느 정도 가능한 관계에서 경험되는 것이다.

그러나 정신분열증은 자기와 비-자기를 구분하기 이전의 시기에 뿌리를 두고 있고 그때 경험했던 전-감정과 초기 자아상태들을 반영한다. 이것은 대상전이와 구분되는 것으로서 "자기애적 전이"라고 한다. 프로이트와 당시 분석가들은 자기애적 전이의 존재를 인식하지 못했기 때문에 정신분열증 환자를 분석의 대상에서 제외시켰던 것이다.[7] 이후 정신분석에서 정신분열증은 더 이상 비가역적이 아니다. 비온(Bion)을 비롯한 후기 클라인 학파와 서얼즈(Searles),[8] 특히 하이만 스팟닛츠(Hyman Spotnitz)는 정신분열증과 자기애적 환자들을 위한 정신분석적 기법[9]을 창안했다. 정신분석의 치료목표는 병의 원인을 탐색하고 자아를 강화시켜 환자가 이를 다룰 수 있도록 하는 것이다. 이는 환자가 자신, 타인 그리고 삶에 대한 태도의 변화를 가져올 수 있게 한다.

정신분열증 치료에 있어 약물과 심리치료의 이분법적 대결구조는 더 이상 바람직하지 않다. 치료의 초점은 그들이 주도적으로 자신의 질병을 다룰 수 있도록 하는데 맞추어져야 한다.

## 2. 내러티브

### 분석 초반(1~39회기)

P는 약물을 복용하고 있는 정신분열증 환자로 입소시설 6개월, 주거시설 1년, 집으로 돌아가서 생활하기까지의 기간에 걸쳐 2년 동안 정신분석적 심리치료가 이루어졌다. 첫 만남은 P가 입소시설에서의 생활이 3개월째 접어들었을 때, 임상 훈련생으로 있던 치료사의 권유로 시작되었다. P는 잘 움직이려 하지 않았고 많은 시간을 잠을 자면서 보냈다. 회원들과는 기본적인 의사소통마저 하지 않았으며 돈을 버는 것 외에는 어떤 것에도 흥미나 관심을 보이지 않았다. P가 자발적으로 하는 행동은 일주일에 한번 씩 로또를 사는 것과 특허를 낼 기발한 아이디어를 생각하는 것이었다.

P는 병식이 없었고 약에 대한 강한 거부감을 가지고 있어서 약 먹는 시간을 무척 싫어했다. 입소시설에 오기 전 1년간 병원에 입원했었고, 그 전에는 입원과 퇴원을 반복했었다.

회기에서 P는 거의 말을 하지 않았다. 시설에서의 생활이나 회원들과의 관계 등에 대한 치료사의 질문에 예, 아니오 의 단답형 대답이나 재미없고 지루하며 귀찮다고 하였다. 초기 6개월 동안 P가 치료사에게 먼저 말을 걸어오거나 관심을 보이는 경우는 5번 정도에 불과했다. 회기에 억지로 오는 모습을 보이거나 하품을 하고 잠이 부족하다며 하고 싶지 않다고 하기도 했다. 회기는 P를 변화시키겠다는 치료사의 강한 욕심이 작용했지만 P는 수동적인 자세로 임했다.

10회기 때 처음으로 5분 정도 늦은 치료사를 향해 "오늘 늦게 오셔서 안 오시나 했어요?" 한다. P는 주로 아이디어에 관한 이야기와 약에 대한 거부감, 시설 회원들에 대한 불평과 자신을 병원에 보내고 입소시설에 있게 한 부모님에 대해 화가 나지만 참고 있다는 내용을 반복적으로 이야기했다. 실제로 어머님께 전화를 해서 심한 폭언을 하기도 하고 집에 돌아가겠다고 떼를 쓰기도 했지만 회기 내에서는 자신의 정서를 표현하지 못했다. 한 회원이 자신을 계속 쳐다보는 것이 신경 쓰인다고 하여 그때 P의 기분이 어떤지를 묻자 구상하고 있는 아이디어에 대한 얘기를 했다. P의 아이디어는 독창적이기보다는 TV나 인터넷을 통해 본 것에 약간의 수정을 한 것들 이었지만 본인은 획기적이고 기발한 것이라는 믿음을 가지고 있었다. 아이디어의 예시를 들자면 통화와 사진 기능만 있는 반지 핸드폰, 세계 인구의 80%가 바꿀 것 같은 불이 켜지는 우산, 입체 지구본, 살균기능이 있는 정수기 등이었다. 자신의 아이디어를 팔아 세계 제일의 부자가 되고 싶다는 꿈을 가지고 있었다.

명절을 보내고 만난 회기에서 P는 "선생님은 뭐하고 지내셨어요?" 하며 먼저 접촉을 해 왔으나 가족들이 다 모였는지 묻는 치료사의 질문에 아이디어 얘기로 화제전환을 하였다. 자신의 아이디어를 보고 벤쳐 회사에서 메일이 왔는데 답장을 하지 않았다는 이야기에 왜 연락을 하지 않았는지 집요하게 묻는 치료사의 질문이 이어졌고, P는 이러저러한 이야기를 하다가 종국에는 블랙홀에 관한 얘기로 빠졌다. 입소시설에 있는 동안 집으로 돌아가겠다고 계속해서 어머니와 갈등을 하였지만 P는 6개월을 다 채웠고 이후 또한 어머님의 설득으로 주거시설에서 지내게 되었다. 이때 P에게 핸드폰이 생겼는데 치료사에게 번호를 알려주려 하지 않았고 치료사의 번호를 4번째로 저장했다며 치료사가 중요한 사람이 아님을 내 비쳤다. 또 한 회기에서는 잘못 내려서 늦은 적이 있었는데 치료사가 잘못 알려주어서 라며 치료사 탓을 하는 모습도 보였다. 끝나기를 5분 남겨두고는 군대 얘기를 하다가 배가 아프다며 화장실을 다녀왔다. P는 이 회기에서 처음으로 치료사 탓을 했으며 화장실을 가는 행동화도 처음으로 나타났다.

이어지는 회기들에서는 군대에서 사격을 잘해서 칭찬 받았던 내용, 권총, 많은 사람을 한꺼번에 죽였다는 독가스에 관한 얘기들을 하였다. 치료사는 P의 얘기들이 공격성에 대한 상징으로 이해되었다. 그동안 P의 공격성은 주로 자신의 내부로 향해 있었고(자해, 굶는 행동 등) 유일하게 어머님에게만 폭력이나 폭언의 형태로 사용 되었는데, 그것(공격성)이 회기에서 미약하나마 치료사에게 사용하고 있는 것으로 보여 졌다. P는 또 회기진행이 6개월이 되었음을 치료사에게 상기시켰고 언제까지 해야 하는지를 물어왔다. 처음부터 P는 심리치료의 필요성을 느끼지 못한 채 치료사의 권유로 시작되었고 중간에 하기 싫음을 내 비쳤지만 치료사의 6개월을 채워보자는 설득에 따라와 주었었다. P는 자신의 주장을 끝까지 하지 못하고 어머님의 설득대로 따라가는 패턴을 치료사와의 관계에서도 재연하고 있었다. 다음 회기에서 치료에 대한 전반적인 이야기들이 다루어졌고 P는 자발적으로 6개월을 더 진행해 보자고 했다. 그 이후는 6개월 후 P가 다시 얘기해 주기로 했고 그때 가서 논의하기로 했다.

## 분석 중반 (40~103회기)

늘 30분 정도 일찍 와서 기다리던 P가 지각을 하였다. 어릴 때부터 직접 음식을 해 먹었다며 어린 시절을 자세하게 얘기해 주기도 하고, 어머님이 해주는 음식에 대해서는 어릴 때는 잘 안 해주다가 요즘은 너무 많이 해 놓아서 못 먹고 상해서 버리게 된다고 했다. 어머님이 해주는 것은 영양가가 없는 것들이어서 먹을 수가 없다고 했다. 이때 P는 한 꿈에서 똥을 맛있게 먹다가 짜증이 나는 느낌이 있어서 먹는 걸 멈추었다고 했다. 그리고 자신은 정신분열증이 아닌데 왜 약을 계속 먹어야 되는지 의사 선생님께 애기를 해 봐야겠다고 하기도 했다.

P에게 엄마는 아예 주지 않거나 넘치게 주고, 먹을 수 없는 것을 주는 것으로 그려졌다. 어쩌면 치료 상황에서 치료사의 넘쳐나는 질문은 먹을 수 없는 것(똥)을 주는 엄마로 경험될 수도 있을 것 같다는 생각이 들었다. 지각이 있던 회기에서 치료사는 환상을 경험했는데, 그것은 치료사가 P에게 전화를 하자 P는 다짜고짜 욕을 하면서 자신이 왜 가야 하냐며 소리를 지르는 모습이었다. 치료사는 P를 처음 만났을 때부터 이 불안을 안고 있었는지 모른다. 그러나 이것은 치료사 안에서 철저하게 억압되었고 이것이 P가 치료 상황에서 자신의 감정을 자유롭게 이야기하지 못하는데 한몫 했을 가능성도 있어 보였다.

다음 회기에 P는 정각에 들어오면서 회기가 있는 걸 잊어버렸다고 했다. 타임머신, 워프 불로장생 등에 대한 망상을 얘기했고, 세상과 지구에 대한 모든 것을 알고 싶다고 했다. 이후 여러 회기 동안 워프를 얘기했고 나사(NASA)도 워프를 생각하고 있지만 중력 만드는 기술도 없고 핵심적인 것은 P가 갖고 있고 훨씬 더 구체적이라고 했다. 트위터에 글을 올려서 P의 위치를 알리면 나사가 찾아 올 것이라고 했다. 치료사에게는 심리치료 받는 사람들이 많아서 돈을 많이 벌 테니까 자신은 치료비를 내지 않아도 괜찮고 그만두어도 될 것 같다고 했다. 치료사에 대해서 아는 것이 하나도 없다고 했고 결혼을 했는지 물어도 대답해 주지 않는다며 치료가 너무 형식적인 것 같다고도 했다. 회기를 녹음하고 있는데 소송할지도 모른다는 걱정이 든다고 하며 왜 그만 둔다고 해도 놓아주지 않는지 모르겠다고 했다.

63회기 때는 "귀걸이까지 하고 오늘 어디 가세요?"하며 물어왔고, 주거시설 한 회원이 여성과 성관계를 했다고 하는 얘기가 너무 듣기 싫었다고 했다. 교통카드 칩을 잃어버리지 않게 손등에 이식하고 싶다고 했고 겉옷과 치마를 똑딱이로 붙일 수 있게 옷을 만들면 좋을 것 같다고 하기도 했다. 다른 사람들은 다 일을 하는데 자신은 안하고 있고 그것은 하기 싫어서 안 하는 것도 있지만 "왜 나는 이런 것도 못하나" 하는 생각이 든다고 했다. 이 회기에서 치료사를 향한 성적전이가 일어나고 있는 것으로 보였고 모든 사람들은 성관계를 하고 있는데 자신은 못한다는 것을 자기 공격적인 패턴으로 풀고 있었다. P가 잃어버릴까봐 두려워하는 것은 자신의 남성성으로 보여 졌다. 이때 치료사는 P의 자아를 향하게 하는 질문들을 많이 했고 이는 P의 이야기의 흐름을 끊어 놓거나 대답을 하지 못하는 상황을 만들었고 망상에 빠지게 했다. 어둠에너지를 찾아서 빌게이츠한테 알려주면 점심 정도는 살 것 같다고 했고, 블랙홀에 대해 연구해 보면 어둠에너지는 찾아질 것 같다고 했다. 외계인과 교신 할 수 있는 방법을 찾으려고 했고 외계인이 사람들이 믿는 신(God)일 것 같으며 예수는 천국이라는 행성에 살고 있는 것 같다고 했다.

P는 한동안 어둠에너지에 대한 이야기를 하면서 회기에 빠지는 횟수가 늘어났지만 치료사에게 직접 접촉해 오는 횟수는 증가했다. 빼빼로는 먹었는지, 연말에 술은 마실 건지 등을 질문해 왔고 송년회에서는 상을 탔고 상품을 치료사에게 가져다주기도 했다. 그러나 치료사는 P의 질문에 무슨 말을 해야 할지 당황했고 적절히 반응해 주지 못하고 질문을 되돌려 주는 패턴을 취함으로써 P가 접촉에 오래 머물러 있지 못하게 했고, P의 망상을 깊게 만들고 있었다. P는 순간 이동할 수 있는 초능력을 가지고 싶어 했다. 초능력을 갖기 위해서 건전지를 이마에 대고 실험을 하기도 했다. 초능력자는 있는 능력을 다 써버리는 개념이기 때문에 환경에 적응하는 초인이 되는 게 낫겠다고 하면서 빛에 대해 알아야 한다고 했다. 회기도중 화장실이나 커피를 마시러 나가는 행동은 늘어났고, 이때 치료사는 P의 이야기를 알아들을 수 없으면서 졸음이 왔다.

주거시설에서 1년 동안 지내면서 P는 집으로 돌아가고 싶어 하는 문제로 끊임없이 어머님과 갈등을 하였지만 입소시설에서 그러했듯 이곳에서의 기간도 다 채웠다. 회원들에게는 불만이 있어도 표현하지 않았다. 아침에 화장실을 오래 쓰는 회원 때문에 이용시설에 20분이나 늦게 가는 일이 발생했을 때 P는 그 회원에게 화가 났지만 언어나 표정으로 표현하지 못하고 오히려 "근데 기분이 좋은 거에요, 로또 1등 된다는 자신감 때문에"하며 전능환상을 방어적으로 사용했다. 그러나 주거시설 후반기에 접어들면서는 자격시험 공부도 하고 의욕적인 모습을 보이기도 했으며 어머님과의 갈등도 많이 줄어들었다. P는 어머님이 자신을 좀 더 이해하는 쪽으로 변한 것 같다고 했다. 실제로 어머님은 기관 선생님께 P가 옛날과 많이 달라졌고 착해졌다고 말했다고 했다. P는 주거시설을 퇴소하여 집으로 돌아갔고 낮 동안에는 이용시설을 다녔다.

### 분석 후반(104~122회기)

집으로 돌아가고 처음 회기를 가졌을 때 P는 새로운 이야기를 했다. 빛은 도저히 찾을 수 없고 나라에 무슨 일이 있는 건지 주위에 자신의 또래같이 보이는 사람들이 없는 것 같다고 했다. 어디론가 가고 싶은데 어디로 가야할지 모르겠고, 뭘 해야 할지도 모르겠다고 했다. 또 이제까지 자신이 생활하면서 빌어 왔던 걸 다 취소하고 그냥 노예계약서 성립하게 해달라고 기도했다며 예수와 자신을 동일시하는 모습을 보였다. 어릴 적부터 천사 같다는 소리를 많이 들었다고 했다. P는 미동도 없이 치료사의 얼굴을 빤히 쳐다보면서 치료사의 미간에 성당의 십자가가 보인다고 했다. 그 십자가는 치료사가 뭔가를 두려워하고 있는 것 같고 그것은 인연이 있는데 두려워서 다가가지 않는 거라고 하면서 종교를 바꿔 보는 게 좋겠다고 권했다. 회기에서 2번에 걸쳐 치료사를 빤히 쳐다보았는데 치료사는 그 시선이 섬뜩했다.

엄마가 자신을 왜 낳았는지 잘 모르겠는데 4살 때 마당에 서 있는 자신에게 천사가 내려왔고 현재 자신의 눈 속에 천사가 있고 그 천사에게 말을 건다고 했다. 치료사의 눈 속에는 천사가 없지만 이마에 새싹이 보이고 주위에 천사가 있다고 했다. 어릴 적 주위 사람들로부터 천사 같다는 말을 많이 들었다고 했다. 하나님이 자신에게 무엇인가를 알려주려고 하기 때문에 하나님을 생각하면 머리가 아프다고 했다. 인터넷 기사에 기독교는 사이비라고 글 올렸는데 그것 때문에 모든 것이 예전과 다르게 보이고 변화되고 있는 것 같다고 했다.

P는 집에서 지내기 시작하면서 잘 먹지 못했고 체중은 눈에 띄게 감소했다. 특별히 아픈 곳은 없는데 뭔가가 자꾸 마음에 걸린다고 했다. 지난해에는 동원훈련을 받았는데 올해는 아직 안 나오고 있다며 뭔가 잘못 된 것 같다고 했다. 죄책감이 드는데 자꾸 회피하게 되고 그래서 더 힘들다고 했다. 부모님이 가난하게 사는 것은 초등학교 때 악마의 자식이 되게 해달라고 기도한 자신 때문이라고 했다. 악마가 돈을 많이 버는 줄 알고 그런 기도를 했고 사람들은 천국 보내주고 자신은 지옥에 보내달라고 했는데 그렇게 하면 자기희생이 되어서 오히려 천국 가는 줄 알았다고 한다. P는 혼란스러워 하고 있는 것처럼 보였다. 구체적으로 얘기 하지는 못했지만 모든 것이 예전과 달라졌다고 느끼고 있었고 하나님이 자신에게 무엇인가를 암시하고 있다고 생각했다. 편리한 세상이 오겠지만 지켜야할 규칙이 많아져서 그게 더 지옥일 것 같다고

도 했다. 자신은 이미 천국행이니까 걱정할게 없다고 했고, 아무도 자신을 인정하지 않아도 하나님만 인정해 주면 된다고도 했다.

P는 1(일)인 하나님보다 더 위의 0(영)의 존재를 이야기했다. 0은 무한으로 나누고 더하고 뺄 수 있으며, 존재하지 않지만 존재하는 것이고 그것은 영혼도 육체도 아닌 선과 악의 구분이 없는 존재이며 정신적인 에너지가 존재한다고 했다. 하나님을 생각하면 머리가 아프고 0을 생각하면 편하다고 했다. 이 당시 지진으로 많은 사람들이 죽은 뉴스 보도를 보면서는 하나님이 화나서 지진을 일으켰다면 도와주어서는 안 된다고 하기도 했다. P는 하나님을 얘기했던 매 회기 도중에 화장실을 다녀왔는데 0의 존재를 얘기하는 회기에서는 화장실을 가지 않았다.

아침, 저녁으로 나누어서 복용해야 하는 약을 한꺼번에 먹기도 하면서 기운 없는 모습을 보였고, 집에서는 엄마가 시킨 일을 하지 않아 다툼이 있기도 했다. 그러나P는 예전처럼 엄마에게 폭력이나 폭언을 하지 않고 참았다고 했다. 과거에는 자신이 주로 엄마에게 화를 냈는데, 엄마가 좀 변한 것 같다고 했다. 오히려 아빠의 심한 말을 참을 수 없었고 화가 나서 죽으려고 유서를 쓰기 시작했는데, 쓰다 보니 자서전이 되었다고 했다. 그러면서 치료사에게 살 것 인지 죽을 것인지 생각해 본 적이 있는지를 물어왔다. 누워 있으면 몸이 붕 뜨는 경험을 하게 되는데 그것은 마치 영혼이 분리되는 것 같은 느낌이었고 저승사자가 잘못 알고 자신을 데리러 온 것은 아닌가 하는 생각이 들었다고 했다. 회기에 와서는 눈에 그림자 같은 상이 보인다고 했다. 강아지나 기차모양이 보이기도 하고 주로 치료사가 의자에 앉아 있는 형태가 많이 보인다고 했다. "환각의 초기증상인가?" 하다가 졸려서 그런 것 같다고 했고, TV에서 누군가를 구해주는 장면을 보면 저절로 눈물이 나와서 신기하다고 했다.

집으로 돌아 간지 3개월째 접어들었을 때 P는 아침에 일어나지 못해 다니는 이용시설에 빠지는 날들이 늘어났고, 회기에도 자주 나타나지 않았다. 타임머신을 다시 만들고 싶다고 했고 심리치료에 대해서는 의욕을 보이지 않으면서 그만두기를 원했다. P는 모든 접촉으로부터 철수하는 것 같았다. 음식을 먹으면 토하고 그것은 하나님이 자신을 혼내기 때문인 것 같고 꿈도 자신이 벌을 받아야 하는 꿈을 꾸게 된다고 했다. 죄를 많이 지었고 십계명을 다 어겼기 때문에 지옥에 갈 것 같은데, 천국도 그렇게 좋은 곳만은 아닐 것 같고 하나님보다 더 높은 신이 있지 않을까 끊임없이 생각했다. 자신은 실수로 죽은 것 같은 예감이 든다고 했고 이 사회는 자살한 사람들이나 죽은 사람들이 모여서 만든 것 같다고 했다. P는 타임머신을 만들 구체적 계획을 얘기하다가 자신이 어딘가에 와 있는 느낌이 든다고 했으며 그것은 영혼이 존재하는 4차원인 것 같다고 했다. 치료사도 타임머신이 만들고 싶은 마음이 있는지 궁금해 했다. 또 뭔가 들리는 거 같기도 하고 느낌에 뭔가 얘기하는 거 같기도 하다며 병원에 가야 할지를 고민했다. 치료사가 환청인지 묻자 환청은 아니고 뇌에서 두근대는 게 말하는 것 같기도 하다고 했다.

예전과 달리 P는 전화나 문자를 보내오지 않고 회기에 빠졌다. 치료사가 P의 어머님과 통화한 후에서야 P로부터 전화가 있었고 소리가 자꾸 들려서 회기에 오지 못했다며 죄송하다고 했다. 다시 올수 있는지 묻자 노력해 보겠다며 전화를 끊었다. 다음 회기에 와서 P는 들리는 소리에 대해 얘기했고, 그것은 마음의 소리라고 했다. 여러 명 중에서 높은 사람이 있는 것 같고 하나님의 사도 같은 사람들이라고 했다. 그들은 P가 믿는 하나님과 치료사가 믿는 하나님이 틀려서 어느 쪽이 진짜 하나님인지 알고 싶어 한다고 했다. P가 믿는 하나님은 예전에 다니던 교회에서 믿었던 분으로 P를 데리고 가고 싶어 하는데 P가 나쁘게 소원 빈 것이 후회 되어서 울고 있다고 했다. 약물이 하나 추가 되었지만 소리는 계속 들리고 병원에서는 입원을 권했다고 한다.

P는 몇 년 전 자해(칼로 손목을 그었음)했을 때 지구에서 사라져 또 다른 지구로 이동했고 하나님이 P를 지옥이나 천국, 하나님 나라 중 어딘가로 보내기 위해 왔다고 했다. 하나님이 빨리 하늘나라로 올라가서 쉬어야 하는데 자신을 지켜보느라 그러지 못한다며 걱정을 했다. 그리고 목소리들이 P가 보고 있는 것은 다 허구라고 말하며, 자해하기 전의 지구는 허구가 아니었다고 했다. 치료사도 허구인지 묻자 자신이 만들어낸 허구에 빠진 영혼 같다고 했다. 집에서 나오기 전 목소리들이 치료사가 자신을 병원에 보낼 거라고 했다고 한다. P는 목소리들과 장기도 두고 있고 목소리들

중 하나는 P가 혼자 있을 때 슬퍼해주고 자신의 마음을 공감해 준다고 했다. 하나님이 왜 올라가지 않고 울고 있는지 궁금하다고 했다가, 자신의 아이디어를 생각으로 알려줬더니 이제는 공감을 한다고 했다. 하늘나라에서는 아이디어가 필요 없어서 뭐냐고 치우라고 했는데 인간 세상에는 돈이 있어야 되니까 아이디어가 필요하다는 걸 알고 공감을 받았고 감동 받아서 하나님이 우신다고 했다. P는 목소리들로 인해서 게임하는 기분이 든다고 했고 치료사도 목소리들을 들을 수 있게 해 달라며 기도하기도 했다. 하나님이 그런 것처럼 치료사 또한 자신에게 감동하여 울기를 원했다.

이후 P는 여러 가지 이유로 회기를 쉬었고 치료사의 설득에 마지못해 나왔다. 담배를 피우러 밖에 나오는 걸 제외하고는 집안에서만 지냈다고 했고 치료를 그만 뒀으면 좋겠다고 하면서 미안해했다. 치료에 대해 묻자 자신의 얘기를 할 수 있어서 괜찮았고 예전과 달라진 것은 하나님의 존재에 대해 더 생각하게 되고 믿게 된 것이라고 했다. 이제는 부모님을 비롯한 식구들과 대화도 하고 조금씩 통하기 시작한 것 같다며 그것은 치료를 통해 도움 받은 부분이라고 했다. 과거 수차례 P는 입원과 퇴원을 반복 했었는데 집으로 돌아가게 되면 약을 먹지 않았고 주로 엄마에게 폭언이나 폭력적인 행동을 했었다.

치료를 그만두려는 이유를 묻자 귀찮기도 하고, 차비 때문이기도 하고 뭔가 양심에 가책 같은 게 있으면서 그게 마음에 걸린다고 했다. 과거 동원훈련에 가지 않았던 것이 자꾸 생각나고 그래서 누군가가 잡아갈 것 같아서 집밖에 나오기가 겁이 난다고 했다. 아버지 일을 도와주면서 용돈 정도 벌면서 지내고 싶다고 했다. 치료가 필요하면 다시 시작할 수 있다는 합의하에 중단되었지만 이후 5개월이 지나도록 P로부터 연락은 없었다.

## 3. 연구 문제

본 논문은 정신분열증 환자에게 2년간 정신분석적 심리치료가 이루어진 단일 사례연구이다. 환자는 외래진료, 약물복용, 사회복귀시설을 통해 현재 정신분열증 환자에게 행해지고 있는 다각적(치료, 교육, 재활) 접근을 하고 있었고, 더불어 정신분석적 심리치료가 이루어졌다. 심리치료가 이루어졌던 2년 동안 환자는 외래진료를 받으면서 약물을 복용하고 있었다. 이 연구는 정신분열증 환자에게 정신분석적 심리치료가 어떠한 영향을 미치는지 심리치료 상황에서 환자가 보여준 언어적, 비언어적 부분을 기반으로 하여 아래의 몇 가지 주제를 중심으로 정신분석적 고찰이 이루어질 것이다.

1) P에게 환상의 기능과 역할은 무엇인가?
2) P는 치료사에게 얼마만큼 접촉을 시도하고 유지할 수 있는가?
3) 주요 패턴과 행동화의 의미는 무엇인가?
4) 전이와 역전이는 무엇인가?

# Ⅱ. 문헌 연구

문헌연구에서는 정신분열증에 대한 전반적인 이해와 사례분석에서 다루어질 주제적 접근에 대한 이론적 토대를 제공할 것이다. 정신분열증 형성에서 가장 중요하게 작용하는 것은 자신의 내부로 향하는 공격성으로 볼 수 있다. 프로이트는 공격성이 이중욕동의 한 축인 죽음본능의 파생물이라고 보았고, 이후 정신 분석가들은 죽음본능을 계승 발전시키거나 혹은 다른 관점으로 받아들였다. 문헌연구에서는 주로 정신분열증을 다루었던 분석가들이나 이론을 중심으로 살펴 볼 것이다. 이는 클라인 학파를 중심으로 이루어졌고, 클라인학파가 아니더라도 정신분열증에 대한 이해의 폭을 넓히기 위해 옥덴을 포함시켰다.

## 1. 이중욕동 이론

### 프로이트의 이중욕동 이론

1920년 프로이트는 「쾌락원칙을 넘어서」에서 정신생활이 쾌락원칙의 원리를 중심으로 이루어진다는 주장에 의문점을 갖기 시작했다. 그는 정신분석 치료 상황에서 나타나는 현상들과 반복적으로 행하는 어린이들의 놀이가 쾌락원칙에 위배되고 있음을 발견했다.

당시 전쟁과 같은 큰 외상이 있었던 외상성 신경증 환자들이 반복적으로 그들에게 외상을 일으켰던 사건이나 현장 속에서 고통스러운 경험을 하는 꿈을 꾸고 있음을 알게 되었다. 또한 치료 상황에서 환자들은 전이 과정을 통해 원치 않는 상황과 고통스런 감정을 반복, 재생하고 있었다. 치료가 불완전한 상태인데도 치료를 중단시키려 하거나 과거 자신들이 경험했던 경멸당하는 느낌을 체험하기 위해 분석가에게 그들을 차갑게 다루도록 유도하기도 했다. 또한 어린이들은 어머니가 부재했을 때 놀이감을 사라지게 했다가 나타나게 하는 놀이를 반복적으로 행함으로써, 어머니의 부재가 주는 고통스러운 상황을 놀이를 통해 재연하고 있었다. 이는 그들이 놓인 수동적 상황을 능동적 상황으로 대체하는 행동이었다.

이렇듯 반복적으로 자신을 고통스런 상황에 놓이게 하는 반복강박은 쾌락원칙의 지배에서 벗어나 다른 힘의 작용을 받고 있는 것으로 보여 졌다. 그것은 쾌락원칙보다 더 막강한 힘을 가진 더 원시적이며 근원적인 것으로써 무생물의 상태로 돌아가고자 하는 죽음본능[10]을 생각하게 했다. 이것은 물질의 부분을 통합하고 융합하는 생명본능(에로스)과 반대되는 개념이며, 무생물이 생명을 얻으면서 작동하는 것으로 보인다.[11]

프로이트는 에로스와 죽음본능의 개념을 1923년 「자아와 이드」를 통해 확립하였다. 에로스는 억제되지 않은 성 본능과 억제되어 승화의 성격을 띠는 본능충동, 그리고 자기보존본능으로 구성되어 있고, 이는 에너지를 광범위한 결합체로 묶음으로써 삶을 더 복잡하게 만들고 동시에 삶을 보존하는 것을 목적으로 한다고 하였다. 이에 반해 죽음본능은 유기적 생명체를 무생물 상태로 인도하며 근육기관을 통해 외부세계를 향하는 파괴본능의 형태로 자신을 표현하고 있는 것으로 생각된다고 하였다.[12] 죽음본능은 부분적으로 성애적 요소와 결합하여 무해한 것으로 되기도 하고 일부는 공격의 형태로 외부로 돌려지기도 한다. 그러나 많은 부분은 제지를 받지 않고 내부에서 일을 계속한다. 공격성의 통제가 강할수록 초자아의 공격적 경향이 자아보다 강렬해지고 이는 공격성이 외부로 향하지 않고 자신의 자아로 되돌아오게 하는 전치현상을 일으키기도 한다. 이때 공격성은 외부로 향할 때 보다 더욱 파괴적인 모습을 띠게 된다.[13]

### 죽음욕동과 방어기제

죽음욕동은 통제 불가능한 가장 강력하고 절박한 요소이며, 실제로 마음속 갈등의 궁극적인 원인이자 내적인 위험요소로 작용면서 자아에게 큰 위협이 된다.[14] 따라서 자아는 이 위협으로부터 자신을 보호하기 위해 방어기제를 만들어 낸다. 그러나 방어기제의 도움으로 자아는 발달할 수 있지만 동시에 방어기제 자체가 위험이 될 수 있다. 방어기제를 유지 하는 데 필요한 에너지와 지속되는 자아기능의 제한은 심리경제에 무거운 부담감을 안겨준다. 또한 방어기제는 자아에게 고착되어 지각의 왜곡을 가져오고 이는 성격의 규칙적인 반응양식으로 자리 잡게 된다. 이 반응양식은 일생동안 그 기원이 된 상황과 비슷한 상황이 발생할 때 마다

같은 방식으로 작동하게 되고 이는 증상이나 질병을 유발시키기도 한다.[15)]

### 죽음욕동의 재해석

프로이트의 이중욕동 이론은 우리에게 이분법적 사고를 주는 경향이 있다. 특히 파괴적이고 공격적인 형태로 표현된다고 하는 죽음본능은 더욱 그러하다. 그것은 마치 무서운 적대감이나 파괴력을 가지고 생명을 위협하는 모습으로 그려지기도 한다.

스턴박(Oscar Sternbach)[16)]은 이중욕동 이론의 또 다른 접근을 보여주고 있다. 그것을 삶과 죽음의 문제나 증오, 가학, 피학성이라는 가치 지향적 접근이 되어서는 안 된다고 말하고 있다. 그것은 생명체 내의 긴장의 증가와 감소에 대한 일차적 경향의 이론이며 죽음욕동은 긴장을 감소시키려는 정신의 기본적 경향으로 보고 있다. 에로스와 죽음욕동(타나토스)은 붙잡고 놓아주고, 긴장이 증가하고 감소하는 박동성의 교대로서 이것은 모든 삶의 현상들에서 활동을 가능하게 한다. 이들은 기본적으로 갈등상황에 있지만 모든 인간의 행동에 참여하며, 다양한 비율로 섞여 있거나 융합되어 있고 다양한 리듬을 가지고 있다. 행동은 에로스와 타나토스의 융합을 통해서만 가능하며, 융합이란 긴장증가와 감소, 붙잡고 놓아주고, 연결하고 분리하는 움직임들의 통합이다.

공격성 또한 건설적일수도, 파괴적일수도 있는 상대적인 성질의 것이다. 질병의 뿌리는 억눌린 적대감이나 파괴성이 아니라 긴장 방출의 부족이기 때문에 가장 적절한 형태로 긴장을 방출시키거나 감소시키는 것, 즉 긴장의 종류에 따라 적절한 형태로 방출시키는 것이 치료의 목적이 되어야 한다고 본다.

## 2. 클라인 학파

### 멜라니 클라인 Melanie Klein

클라인은 프로이트의 생명본능과 죽음본능의 갈등구조를 그대로 이어 받았고 이를 더욱 발전시켜 정신의 발달과정을 생명본능이 죽음본능을 극복해 가는 과정으로 보았다. 그러나 프로이트가 초기 자아를 유기체의 생물학적 실체로 보았다면, 클라인은 자아가 태어날 때부터 불안을 경험하고 방어기제를 사용할 수 있는 심리적인 실체로 보았다. 초기 자아는 약하고 통합되지 않는 상태이기 때문에 불안에 직면하여 파편화되고 해체되는 경향이 있다. 해체와 멸절에 대한 공포는 내부의 죽음본능 활동에 의해 자극된 가장 깊은 공포이다.

초기 자아는 분열, 투사, 내사를 최초의 방어기제로 사용하는데 생명본능에 따라 자아는 분열되고 죽음본능은 밖으로 투사된다. 동시에 생명본능도 이상적인 대상을 창조하기 위해서 부분적으로 투사하고 그 대상을 내사 한다.[17)]

초기 자아의 주요 기능인 투사와 내사는 죽음본능의 산물인 불안을 숙달하는데 필수적인 요소이다. 투사(projection)는 죽음본능을 외부로 전향(deflect) 시키는 것이며 또한 첫 대상에게 리비도를 채우는 반면, 내사(introjection)는 생명본능을 위해 사용되는데, 삶을 주는 무엇인가(첫째로 음식)를 자아 안으로 들이며 내면에서 작용하는 죽음본능을 묶는 역할을 한다. 삶의 시작부터 두 본능은 대상에 부착되고 그 시초는 엄마의 젖가슴 이다. 파괴적 충동과 사랑의 감정 중 어느 쪽이 우세하냐에 따라 유아는 젖가슴을 나쁘거나 좋게 느낀다. 유아에게 충족을 주는 경험들과 함께 젖가슴에 대한 리비도의 에너지 집중(cathexis)은 유아의 마음속에 좋은 원시적 대상을 만드는 반면, 파괴적 충동들은 젖가슴에 투사됨으로써 원시적 나쁜 대상을 만든다. 투사와 내사는 자아와 대상들 간에 끊임없는 변화를 야기 시키고, 유아의 실제 경험에 영향을 줄 뿐만 아니라 환상과 정서에 따라, 내면과 외면, 좋음과 나쁨 사이를 오르내리게 된다. 이는 자아의 발달과 외부 세계, 그리고 내부 세계 건설의 밑바탕이 된다. 과도한 분열은 자아의 의식과 무의식 간에 엄격한 장벽이 형성되게 하고 이는 양자 간 서로 투과 가능한 상태가 유지되지 못하게 하면서 정상적인 발달을 가로 막는다.[18)]

죽음본능의 산물인 불안은 인간에게 고통을 야기 시키기도 하지만 역설적이게도 불안은 자아의 발달을 촉진시킨다. 인간은 살아 있는 동안 불안으로부터 완전히 자유로울 수 없고 단지 불안을 숙달해 갈 뿐이다. 이 과정에서 투사와 내사는 자아 발달에 중요한 역할을 한다. 투사는 내적 자극을 외적 자극으로 취급할 수 있게 해 주기 때문에 위험이 밖에 존재한다는 안

도감을 줄 뿐만 아니라 유아가 외적 자극의 성격을 더 많이 파악할 수 있게 하고, 외적 자극을 다루는데 어떤 방법이 성공적인지 시험해 볼 수 있게 한다. 이러한 욕구는 특히 지식을 향한 욕동의 발달에 강력한 자극이 된다. 또한 실제 '좋은' 대상의 내사는 불안을 완화시키는 역할을 한다. 따라서 투사와 내사를 통해 불안을 다스리려는 자아의 노력은 대상과의 관계 및 현실과의 관계에 지원을 요청하게 되고 이로 인해 자아의 발달을 가져오며 현실에 잘 적응할 수 있게 해준다. 불안을 숙달한다는 측면에서 보았을 때, 정신분열증은 불안을 다스리는데 실패한 것으로 볼 수 있다.[19)]

### (1) 무의식적 환상

클라인 학파는 무의식적 환상에 중요한 역할을 부여하고 있는데, 이는 인간의 생물학적 구성요소에 매우 가깝기 때문에 가장 초기의 원초적인 정신기능을 나타낸다고 본다. 무의식적 환상들은 삶의 원초적인 경험들로 구성되어 있으며 대상들과의 관계를 포함하고 있다.[20)]

유아는 초기 발달시기에 자신의 신체 내부에 물리적으로 존재하는 것처럼 느껴지는 내적대상들을 경험한다. 이것은 무의식적 환상의 내용을 구성하고 있고 최초의 신체에 대한 경험과 쉽게 혼합되어 나타난다.[21)] 언어이전 단계의 유아에게 무의식적 환상은 전적으로 현실로 느껴지는 생생한 것이다. 아기가 느끼는 허기의 감각은 태어날 때부터 가지고 있는 생물학적 활동인 구강기의 빠는 행동과 함께 느낄 수 있는 심리적 경험이다. 따라서 생물학적 활동은 미리 형성된 심리적 의미와 함께 발생하고 무의식적 환상 또한 이와 관련하여 잡아먹거나 먹히는 형태의 신체감각으로 경험된다.

정신은 대상과의 환상적 관계단위들로 이루어진 구성물로서 신체증상으로 무의식적 환상을 나타내는 정신분열증 환자의 심리적 결함은 초기 심리 신체적 기능이 제대로 발달하지 못한 결과로 볼 수 있다.[22)]

### (2) 두 자리 이론

유아는 발달의 초기수준에서 자극의 신체적 부분과 심리적 부분의 구분이 불가능하다. 따라서 배고픔을 느낄 때 그것은 박해자에 의해 침범 당하고 멸절 당하는 공포로 경험된다. 배고픔을 자신이 물어뜯기는 것으로 경험하고 좌절을 박해로 느끼는 것이다.[23)]

편집-분열적 자리는 심리발달 단계의 한 측면이다. 클라인은 편집-분열적 자리와 우울적 자리라는 자리 개념을 쓰고 있는데, 그것이 시간적 순서를 따르는 것이 아니라 구조적 개념이기 때문이다. 즉 자아의 상태, 내적 대상관계의 본질, 불안의 본질과 방어의 특성들과 같은 자아의 구성 상태를 일컫는 개념이다.[24)] 편집-분열적 자리에서의 유아가 최초로 경험하는 대상은 부분 대상으로서의 젖가슴이다. 젖을 주는 좋은 젖가슴은 내사하고 젖을 주지 않는 나쁜 젖가슴은 외부로 투사한다. 그러나 투사된 나쁜 젖가슴은 박해하는 대상으로 경험되고 유아는 박해를 피하기 위해 나쁜 젖가슴을 내사하게 되고 이는 멸절공포를 일으킨다. 따라서 편집-분열적 자리에서 유아는 박해불안과 멸절공포에 놓이게 된다.

유아가 배설물을 축출하려는 항문기 충동과 관련하여 자신 안에 있는 위험한 물질인 배설물을 비워내어 어머니의 내부로 집어넣으려는 공격적인 모습을 보이는데 이때 배설물과 함께 자아의 부분도 떨어져 나가 어머니의 내부에 투사된다. 이때 유아는 어머니를 자신의 일부로 경험하게 되는데, 클라인은 이를 투사적 동일시라고 하였다. 이것은 유아와 어머니 사이에서 실제로 일어나는 관계는 아니지만 유아에게는 실재하는 무의식적 환상이다.[25)]

투사적 동일시는 다양한 방법들을 사용하고 그것은 모든 무의식적 환상이 지닌 죽음본능으로부터 나오는 폭력성과 관련되어 있다. 감당할 수 없는 경험의 방출, 정신기능의 제거, 대상의 분리됨에 대한 인식을 방어하기 위해 대상에 대한 침범을 하는 것이다. 대상에 대한 침범을 통해 타자들의 정신을 점유하고 지속적으로 통제하면서 전능경험을 유지하려는 측면이 강하다. 클라인은 인격의 발달은 투사적동일시의 성질이 변화되는 것을 통해서 이루어진다고 보고 있다.[26)]

유아는 정신 안에 좋은 내적대상이 많아질수록 편집-분열적 자리를 벗어나 우울적 자리로 이동한다. 이때부터 어머니를 부분대상이 아닌 전체대상으로 경험하게 된다. 자신이 공격했던 대상이 어머니였음을 지각하게 되면서 죄책감과 함께 책임감이 싹트고 대상을 회복시키고자 하는 새로운 충동이 일어난다.

회복충동은 우울적 자리의 핵심적인 성취물이다. 회복충동에 의해 죄책감, 상실감은 대상에 대한 관심으로 바뀌게 되고 이타적이고 건설적인 노력을 할 수 있게 한다. 또한 대상을 배려해주는 사랑의 형태인 후회감도 발생한다. 우울적 자리에서 사랑은 감사, 이해 기쁨 등을 포함하는 다양한 형태로 나타나며 이것은 대상을 향한 관대한 태도를 의미한다.[27] 그러나 우울적 자리에서 좋은 대상이 확고하게 자리 잡기 전까지는 편집적 불안과 죄책감, 상실감, 그리움 등의 우울한 감정들이 혼합되어 있다. 따라서 자아는 대상에 대한 증오가 강할 때는 박해불안을 느끼고, 사랑이 우세할 때는 우울불안을 느끼게 된다. 이 자리에서 유아의 중심과제는 자아의 핵심에 안정적이고 전체적인 내적대상을 확립하는 것이다.[28]

우울불안이 절정에 달했을 때 유아는 좋은 내적 대상을 재창조하는 능력을 활성화시키고 점차 전능감을 포기하게 된다. 우울적 자리의 극복을 통해 자아의 내적대상은 좋은 대상으로 풍성해지며, 이는 승화와 창조적 노력을 위한 주요 원천으로 작용한다.[29]

## 무의식적 환상과 방어기제

프로이트는 정신질환과 성격형성과 관련된 방어기제를 발견하고 정교화 시켰다. 특정 방어기제는 발달선상에서 더 오래되거나 혹은 다른 것보다 더 일찍 출현하는 것인지에 대해 서술하였다. 그리고 방어기제들은 서로 연관되어 있고 '신경증의 선택' 이라는 특정한 형태의 질환과 관련되어 있다고 하였다. 환자의 방어를 분석할 때, 단순히 하나의 기제를 다루는 것이 아니라 무의식적으로 균형과 안정을 유지하기 위한 자신만의 독특한 방법을 가지고 있는 개인의 복잡한 성격조직을 다루고 있는 것이다.

클라인과 아이작스는 무의식적 환상의 중심역할을 대상관계와 불안 그리고 불안에 대항하는 방어의 형성이라는 점을 강조했다. 이들에 의해 불안과 방어기제의 속성에 작용하는 무의식적 환상의 중심역할에 관한 부분이 발전하였다. 전이를 통해 환자들은 자신의 삶의 방식과 방어시스템의 한부분과 그 아래에 존재하는 무의식적 환상을 보여준다. 방어기제의 역할과 그것들의 정서적 내용은 무의식적 환상의 부분이자 덩어리들이다.

사례에서 환자들은 다양한 방어기제들을 보여주었다. 어떤 가치를 지닌 것을 성취하는 것에 대해, 이해받고, 귀하게 다루어지는 것에 대해 무의식적으로 깊게 절망하고 있었던 환자는 자신의 절망을 인식하지 않으려고 방어를 사용하였다. 분석이 잘 진행되고 있는 것처럼, 서로가 잘 접촉하고 있는 것처럼 분석가가 좋은 분석가 인 것처럼 행동하면서 분석가의 말에 동의하거나 조금의 수정만을 가하였다. 다른 사례에서는 우울이 표면에 드러날 때 마다 화제를 전환하는 모습을 보였고, 또 다른 사례에서는 죄책감을 피하기 위하여 상처 입은 대상과 동일시하는 방어기제를 사용하였다. 환자가 사용하는 방어는 단지 고립된 방어들이 아니라 성격조직의 한 측면으로서 분석가에게 환자에 대한 이해와 해석의 방향성을 제시해 준다. 따라서 분석가는 환자의 무의식적 방어를 알아내고 환자가 무의식적으로 분석가를 어떤 사람으로 경험하는지 아는 것이 중요하다. 분석적 상황에서 재연되는 방어와 무의식적 환상들을 환자와 분석가가 실질적으로 경험하지 않는다면, 환자의 방어적 성격 조직 내에 진정한 변화를 성취하는 것은 불가능하다.[30]

시걸(Segal)은 파국적 상황의 재 발생에 대한 방어로서 망상적 체계를 사용하고 있는 환자의 사례를 소개하였다. 환자는 과대망상과 복잡한 강박적 체계를 가지고 있었는데 이는 초기의 파국적 상황(갑작스런 젖떼기와 양부모의 상실)의 재발에 대해 환자를 방어해 주고 있었다. 환자는 살인적이고 야만적인 환상을 만들어 냈고, 자신이 두 부모를 죽였다는 확신을 만들어 냈다. 환자가 사랑이나 의존의 인간적인 감정들과 접촉하는 것은 파국적 결말을 예상하는 것과 연결되어 있었다. 파국을 방어하기 위해 자급자족적이고 전능감 있는 과대망상을 발달시켜야 했고, 모든 대상들은 그의 환상 속에서 창조된 대상들이었다. 망상체계에서 잃어버린 대상들뿐만 아니라 자아의 잃어버린 기능들까지 되돌려 놓고 있었다.

그러나 환자의 과대 망상적인 강박적 시스템은 그 자체로 만성적 파국이 되었다. 그것은 환자가 실제 대상과의 접촉을 막는 역할을 하였기 때문이다. 이 사례에서 묘사한 파국은 자아가 파멸을 위협하는 파괴적이고 자기-파괴적인 충동에 잠긴 유아적 상황을 의미하는 것이다. 환자가 말하는 '작전'의 방어적인 역할은 대상들에 대한 의존이 배제되는 환상세계를 전능적으로 복구하는 것이다. 파괴적이고 리비도적인 충동들, 그리고 환상들은 방어 시스템에 담겨진다. 가학적인 통제와 '구원자'적 요소들을 담고 있지만 파괴적 요소들이 지배적이고 전체 시스템은 현실에 대한 적극적인 공격을 했다.[31]

## 정신분열증에 대한 입장

클라인(Klein)은 정신분열증 환자들이 경험하는 불안은 죽음본능에서 파생되어 나온 타고난 파괴적 충동이 과도하게 확대된 것이라고 보았다. 파괴적 충동은 분열을 일으키고 무의식적 환상을 외부로 투사함으로써 박해적인 대상세계를 창조하며 멸절공포를 경험하게 한다.[32] 따라서 정신분열증 환자들은 비참한 내적상황을 경험하고 있다. 그들은 자신을 도와줄 좋은 내적대상을 갖지 못한 채 끊임없이 박해하고, 심각한 파편화로 이끄는 나쁜 내적대상들과 필사적으로 투쟁을 벌이고 있는 것이다.[33]

로젠펠드(Rosenfeld)는 입원중인 정신분열증 환자를 정신분석적으로 치료하였다. 그들은 산산조각 나거나 파편화되는 분열을 보이고 공격성이 자신의 내부로 향하고 있다. 따라서 그들의 정신적 기능은 심각한 손상을 입고 이는 무감정하고 무기력한 상태에 이르게 한다. 이들은 정서적인 침범을 경험할 때 기괴하고 때로는 폭력적인 모습을 통해서만 자신을 드러내기도 한다. 투사적 동일시를 통해 환자는 자신의 일부를 투사하여 외부 대상 안에 자리 잡게 하고 이는 환상이 구체적인 현실로 간주되도록 만든다. 따라서 환자의 정신은 고갈되고 무력해지며 의미체계는 파편화되고 분산된다.[34)]

옥덴(Ogden)은 정신분열증적 조건으로 두 가지의 측면을 이야기 하고 있다. 첫 번째, 자신의 전능환상이나 망상 너머에 있는 외적대상을 향하면서 그 대상에 대해 두려움과 그리움을 느낀다. 두 번째, 정신분열증 환자들은 클라인이 말하는 내적 대상세계와의 관계보다 훨씬 원시적인 감각 지배적인 상태에 놓여 있다고 본다. 그들이 경험하는 것은 말로 표현되지 않고 감각을 바탕으로 하는 자폐 형상과 대상들의 세계(자폐 접촉 자리)사이에 있는 경험의 영역이라고 본다.[35)]

따라서 정신분열증 환자들은 4단계[36)]를 거쳐 발달적 성취가 이루어지는데, 전 단계는 다음 단계를 성취하기 위한 바탕이 되고 각 단계는 독특한 방어, 상징화, 내면화, 의사소통의 양식을 가지고 있다. 또한 대상관계를 맺는 방식과 사용되는 자아의 기능도 매 단계마다 다르게 나타난다고 본다.[37)]

## 윌프레드 비온 Wilfred Bion

### (1) 정신분열증에서 자아의 기능

프로이트는 1924년 '신경증과 정신병(Neurosis and Psychosis)'에서 신경증에서 자아는 현실원칙을 따르게 됨으로써 이드(Id)의 일부분을 억압하고 감각인상들(sense impressions)에 대한 의식, 주의(attention), 기억, 판단의 기능을 수행하는 반면 정신분열증에서는 현실의 일부분으로 부터 자아 그 자체를 철회한다고 보았다.

그러나 비온은 정신분열증에서 자아가 현실로부터 전적으로 철수한다고 생각하지 않았다. 현실과 자아의 접촉이 환자의 정신과 행동 안에서 현실이나 현실에 대한 인식중 하나를 파괴할 의도를 가지고 삶도 아니고 죽음도 아닌 상태인 전능한(omnipotent) 환상의 우월함에 의해 가려진다고 하였다. 이때 자아는 현실과의 접촉이 전적으로 상실되지 않고 현실과의 접촉을 보유한다. 따라서 현실로부터의 도피는 사실이 아니라 하나의 허상이며, 투사적 동일시에 의해서 전개된 것이다. 편집-분열적 자리에서 환자는 증오하는 현실을 인식하기 위하여 자신의 대상들과 동시다발적으로 자신의 성격의 일부분을 지나치게 작은 부분들로 분열시키는데, 이것은 자신의 대상 혹은 자아를 회복할 수 없는 정신병적 감정이 현저하게 지배하고 있기 때문이다.

환자의 환상에서 자아의 투사된 부분들(particles)은 외부의 대상에 의해 포함되든지 아니면 외부의 대상을 포함하는 독립적인 통제 불능의 존재를 야기한다. 이때 자아의 투사된 부분들은 그 수를 증가시키거나 그들을 거부했던 정신에 대해 적대감을 불러일으키는 역할을 한다. 그러므로 환자는 스스로 기이한(bizarre) 대상들에 의해 둘러싸이는 느낌을 받는다. 투사된 부분의 본질은 부분적으로는 실질적인 대상에 의존할 것이고 또 다른 한편은 투사된 부분을 보호하는 성격의 특성에 의존할 것이다. 여기서 분열된 성격의 단편이 시력(sight)과 관련되면 환자는 대상을 주시하는 것으로 느낄 것이고 청력(hearing)과 관련되면 경청하는 것으로 느낄 것이다. 이때 만약 분열과 투사적 동일시 안에 있는 환자의 대상들 중 하나가 현실에 대한 인식으로부터 벗어난다면 그것은 감각인상들과 의식이 연결을 위해 결합할 때 파괴적 공격을 할 것이다. 이것은 환자에게 현실로부터 단절되는 상태를 가져온다.

투사적 동일시에 의해 투사된 자아의 단편들이 감각인상들과 함께 환자에게 돌아가게 될 때 그것은 본래의 상태보다 더 고통스럽게 압축되고 종종 환자를 괴롭히는 촉각(tactile), 청각(auditory), 시각(visual)적 환상들의 재료가 된다.[38]

### (2) 생각하기에 관한 이론

비온은 정신분열증을 연결에 대한 공격성, 알파기능의 실패, 생각하기(thinking)의 실패의 세 측면에서 다루고 있다. 그는 유아의 타고난 성향 안에서 정신분열증의 주요한 원천을 발견했고, 정신 병리적 성격의 생성에 있어서 환경적 요인의 중심적인 특징으로 간주했다. 어머니가 유아의 견딜 수 없는 감정들을 잘 담아주고 좋은 내적 대상으로 내사할 수 있는 상태를 만들어 놓지만 유아는 어머니의 그 능력에 대한 증오와 시기심에 압도된다. 따라서 어머니는 유아의 시기심과 증오에 의해 유아의 정신을 개걸스럽게 먹어치우는 탐욕으로 변형된다. 유아가 인식하는 대상은 내적이든 외적이든 부분-대상들이고 그것은 기능들이라고 불러야 한다. 모든 결합의 원형은 발달 초기의 젖가슴과 페니스이며 모든 공격의 원형은 유아가 엄마 젖가슴에 대해 갖는 환상의 공격들이다.

삶 자체와 함께 시작되는 심리적 장애의 기원은 이중적인 측면이 있다. 한 측면은 과도한 파괴성, 증오 그리고 시기심에 대한 유아의 타고난 성향으로 이것은 유아와 환경 사이의 결합에 대한 파괴적 공격이나 유아의 성격에 대한 다른 측면들 사이의 결합에 대한 파괴적인 공격의 형태로 나타나며 유아 내부에 기원을 가진다. 또 다른 측면은 유아가 사용하는 분열과 투사적동일시의 방어기제에 대한 환경의 거부이다. 이것은 유아의 견딜 수 없는 감정을 담아주는 용기(repository)로써 작동해야 하는 어머니의 알파기능[39] 실패이다.

유아와 젖가슴 사이의 결합은 투사적 동일시와 투사적 동일시를 내사하는 능력에 의존한다. 유아는 투사적 동일시에 의해 만족을 추구하지만 유아의 감정을 담아주는 용기(repository)로써의 역할을 어머니가 거부하거나 혹은 그 기능을 어머니로 하여금 행사할 수 없도록 유아의 증오와 시기심이 작동한다면 이는 유아와 젖가슴 사이의 결합에 대한 파괴를 야기한다. 그 결과 모든 학습을 가능하게 하는 유아의 호기심 어린 충동에 심각한 무질서를 초래한다. 투사적 동일시는 언어소통과 예술의 가장 복잡한 형식들에 이르는 모든 결합을 가능하게 하는 요소이지만, 죽음본능이 지배적일 때 과도한 투사적동일시는 강화되고 유아의 정신병적 상태는 활성화된다.[40)]

비온은 또한 사고(thought)와 생각하기(thinking)를 구분하였는데, 생각하기는 마음의 장치로서 인간의 정신은 두 요인에 의해 발달한다고 보았다. 어느 한쪽 혹은 양쪽 모두의 실패는 정신병리를 가져오게 한다. 죽음본능으로부터 파생되는 원-정서들[41)]이 사고로 전환되지 않으면 유아의 투사적동일시는 의사소통의 기능이 아닌 비워내기의 형태로만 사용된다. 이것은 정신적 내용물뿐만 아니라 마음 자체를 비우는 지경에 이르게 하고 좌절을 수반하는 현실원리를 받아들일 수 없게 한다. 그 결과 많은 정신분열증 환자들이 경험하는 것처럼 현실에 적응하여 살지 못하고 철수하여 환각이나 망상에 사로잡힌 고립된 생활을 하게 한다.

유아가 엄마의 젖가슴과 접촉할 때 전-관념(pre-conception)[42)]은 깨달음에 대한 인식과 짝을 이루고 관념(conception)의 발달과 동시에 존재한다. 관념은 만족의 감정적 경험과 끊임없이 결합되는 것으로 기대되며, 전-관념의 긍정적 실현이 있을 때 관념으로의 변형이 일어난다. 반면에 사고(thought)는 전-관념의 좌절에 대한 결합이다. 이것은 유아에게 엄마의 젖가슴이 부재하거나 젖가슴이 비어 있는 상황으로 경험된다. 이때 유아가 좌절을 견디는 능력이 있다면, 엄마의 젖가슴에 '젖이 없다'는 사실은 하나의 사고가 되고 그 사실을 생각하는 장치는 발전하게 된다. 이는 프로이트가 말하는 '정신 기능의 두 가지 원칙들'에서 현실원칙(reality principle)이 우위를 점하게 하는 결과를 가져온다. 즉 현실에서 좌절을 경험하며 살아갈 수 있도록 한다는 것이다. 만약 유아가 좌절을 견디는 능력이 부재하다면 생각하기를 위한 장치의 발달은 저해되고 그 대신 투사적 동일시가 비대하게 발달할 것이다. 이는 현실원칙의 우위를 감당할 수 없게 만들고 그 대신 현실을 부인하고 모든 것을 다 안다는 전지(omniscience)의 무한한 힘을 발달시킨다. 따라서 유아는 참과 거짓 사이를 분간하는 정신적 활동을 할 수 없게 된다.

본질적으로 소통은 현실적인 투사적 동일시에 의해 가능하며 소통의 중요한 기능은 상관관계를 성취하는 것이다. 소통은 개인적인 기능이지만 관념, 사고 그리고 그것들의 언어화는 감각자료에 대한 결합을 용이하게 하기 위해서 필수적이다. 감각자료 결합의 실패는 유아에게 무기력한 정신 상태를 야기한다. 정서(emotion)는 공간과 시간에 있어서 대상과 관련된 감각의 기능과 유사한 정신적 기능에 의해 성취된다. 즉 개인적 지식에서 상식적 견해의 상대개념은 흔히 정서적 견해이다. 한 대상이 때로는 증오의 대상으로 혹은 사랑의 대상으로 느낄 수 있음이 결합된다면 그것은 경험이 된다. 결합을 통해 한 대상에게서 여러 가지 정서를 느낄 수 있다는 하나의 상관관계가 수립되는 것이다.[43]

## 3. 모던정신분석

### 모던정신분석 Modern Psychoanalysis

#### (1) 모던정신분석의 탄생

프로이트는 「쾌락원칙을 넘어서」에서 살아 있는 유기체를 외부세계의 한 가운데에서 정지된 아주 작은 수포(vesicle)에 비교하였다. 이 수포가 외부세계의 지속적인 충격에 맞서 보호막을 가지고 있지 않다면 충격은 수포를 제압할 것이라고 하였다. 이 보호막은 외부세계와의 고립(insulation)을 의미한다.

인간에게 있어서 고립은 탄생 전에 시작된다. 방어 장벽의 전형인 어머니의 몸은 충격이 없는 환경을 제공하고 그곳에서 배아는 고립과정을 통해 생리적 성장을 한다. 이것은 엄마의 의지와 상관없이 이루어지는 무의지적 생리작용이다. 아기의 출산과 함께 엄마는 아이의 적응과 성장을 촉진시키는 의지적 활동으로 이동하게 된다. 영양공급, 수면, 신체접촉, 부드러운 촉각적 자극, 소음과 빛으로부터의 보호 등 만족과 좌절의 적절한 균형을 통해 유아의 성숙의 필요성을 충족시키기 위해 내. 외적 환경으로부터 고립된 상태를 유지한다. 유아가 자라면서 이 기능을 스스로 감당하게 된다. 그러나 유아가 보호막 형성에 실패하게 되면 정신분열증적 상태에 이르게 되는데, 유아는 자아의 모든 에너지를 부적절한 고립을 유지하는데 투자한다. 지나치게 자극적인 상태가 되는 위험으로부터 스스로를 제거하기 위해 병리적 자기애와 정서적 고립 상태에 빠진다. 따라서 정신분열증 환자는 지나치게 많은 자극이나 방출이 거의 없는 상황에 놓여있다. 지나치게 거의 없는 방출은 자극에 대한 장벽의 약화보다 질병을 초래하는데 더 큰 역할을 한다.

프로이트 또한 1895년에 방출을 자극보다 더 중요한 것으로 간주했다. 신경계의 관점에서 보면 호흡은 하나의 방출과정이며 인간의 삶에 있어서 첫 번째의 요구사항이다. 인간의 자극체계는 0까지 내려가도록 에너지 수용을 유지하고자 노력한다. 신경세포들은 자극체계를 통해 흐르는 에너지의 양을 차단하고 방출을 통해 줄이는 기능을 수행함으로써 일정한 상태를 유지한다. 심리적 에너지의 보존은 대개 이러한 차단과 방출 과정을 통해서 낮은 수준에서 유지되는데, 이것은 고립의 개념에서 잘 나타난다.[44]

생후 2년 이내의 초기 유아는 대상과 자아의 구분이 모호한 미발달된 상태로 보호막이 제대로 형성되지 않은 시기이다. 따라서 정신적 현실과 물리적 현실의 구별이 힘든 상태이고 마음 안에 자아 영역과 대상 영역은 겹쳐져 있는 상태이다. 정신분열증은 이 시기에 조직화 된 것으로 정교하게 구조화 되었지만 파괴적인 공격성에 대해 성공적이지 못한 심리적 방어이다. 이 방어체계 하에서 공격적인 충동들은 폭발적인 힘을 제공하고 리비도적인 충동들은 공격적인 충동을 억제하는 역할을 하고 있다. 공격적 충동의 억제는 방출을 어렵게 한다.[45] "정신분열증 자체는 행동충동들로부터 적절한 보호막이 부재한 상태에서 공격성을 중화시키는 병리적인 방식이라고 특징 지어질수 있다."[46]

공격성은 강력하고 가치 있는 힘이다. 그것은 인간이 어떻게 움직이고 행동하고 생각하며 인간이 하는 무엇인가를 어떻게 하는지를 보여준다. 공격성으로 자신을 파괴할 것인지 아니면 살아남을 것인지에 관한 인간 본성 안에서의 싸움은 항상 존재한다. 경계가 명확하지 않을 때 사람들은 무엇을 느끼고 무엇을 하고 있는지를 알지 못한다. 오이디푸스 이전(생후 2년 이내) 단계 사람들은 그들이 타인들을 불쌍히 여기지 않기 때문에 위험하다. 그들은 자신과 타인의 구분이 이루어지지 않았기 때문에 타인들은 중요하지가 않다. 단지 스스로만을 불쌍하게 여긴다. 만일 어떤 사람이 이러한 상태로 퇴행하고 공격성이 동원된다면, 그 사람은 자기 자신과 그 밖의 모든 사람들에게 위협이 될 수 있다. 정신분열증 환자들이 이러한 상황에 놓여 있다.[47]

스팟닛츠(Spotnitz)는 정신분열증에 관심을 가졌고 그것을 정신분석학적으로 다루기 원했다. 프로이트의 해석적 기법으로는 그들과 소통할 수 없었다. 그들의 의사소통은 언어습득 이전 시기에 어머니와 아이 관계에서 볼 수 있는 정서적 소통과 비언어적 신호에 근거 하고 있었다. 그들은 자기애적 환자들로써 생애 초기(생후 2년 이내)의 사건들에 뿌리박힌 문제들을 치료에 가져왔다. 그들에게 사랑은 도움이 되지 않았고, 임상적이고 치료기법에 대한 별도의 이론이 필요했다. 그것은 자기애적 환자에 대한 치료의 모든 측면, 그 측면들 사이의 관리를 포함하는 정신분석의 이해 범위를 확대시키는 것이어야 했다. 이렇게 해서 모던 정신분석이 탄생했다.

모던정신분석은 특별한 치료기법을 가지고 자기애적 환자들의 자기애와 공격적인 요소를 다룬다. 그들은 어린 시절에 지나치게 좌절해왔던 상태로, 계속해서 삶의 많은 부분을 좌절한 것으로써 경험하고 있었다. 분석에서 환자는 유아기에 정립된 행동방식을 따르면서 좌절의 전철을 밟게 되고 공격적인 반응을 차단하는 방식으로 좌절을 다루고 있었다. 그들은 자신의 공격성으로부터 대상을 보호하도록 계획된 자기애적 방어를 가지고 있었고, 그 과정에서 환자의 자아는 황폐화 되고 대상과의 관계는 초보적인 관계에 남아 있으며, 환자는 삶이 제공하는 정상적인 만족을 즐길 수가 없었다. 이로 인해 환자는 자기 자신에게 공격성을 돌렸고 분석가를 소중히 다루었다. 그들은 부정적인 감정뿐만 아니라 긍정적인 감정을 경험할 수 없고 표현하지 못했다.

분석가에 의해 그들의 자기애적 방어는 보호되고 관리되며, 소통에 대한 저항이 있을 때만 분석가의 개입은 이루어졌다. 분석가들은 무엇보다 환자가 직접적인 언어의 방식으로 환자 자신

의 감정을 표현함으로써 그들의 공격성을 방출할 수 있도록 도왔다.[48]

### (2) 정신분열증의 개념

공격성, 대상보호, 자기희생의 세 가지 요소가 결합하여 정신분열증의 핵을 이룬다. 유아기 초기 배고픈 아이를 살펴보면, 배고픔이라는 내적 자극을 울음이라는 방출행동을 통해 자신의 정서상태를 표현한다. 이때 유아는 스스로 이 자극을 해결할 수 없으며 수유라는 외부의 도움을 필요로 한다. 수유는 유아에게 "만족에 대한 경험"을 제공하고 내적자극을 없애준다. 만족에 대한 경험은 기억이미지를 만들어 내며 이것이 욕구와 결합할 때 유아에게 소원이 발생한다. 따라서 유아는 긴장상태에서 "최초의 만족상태를 복원하기 위해서...기억 이미지에 에너지를 재 집중한다." 인간의 심리적 활동의 첫 번째 목표는 지각정체성[49]을 형성함으로써 긴장을 감소시키는 것이다.

이때 유아에게 수유가 주어지지 않는다면, 울부짖고 몸부림침으로써 약간의 긴장감소를 가져올 수 있지만 만족의 경험을 성취할 수는 없다. 배고픈 상황이 유아에게 분노를 유발시키게 되면 유아는 2가지 행동을 하게 된다. 유아는 자신의 능력으로는 수유를 제공하지 않는 외부대상에게 분노를 표출할 수는 없다. 그 대신 유아는 자신의 마음안의 대상을 파괴할 것이다. 즉 대상과 동일시된 정신의 부분을 파괴하는 것이다. 또 하나는 잠들어 버림으로써 그 긴장을 없앨 것이다. 정신분열증적 정신의 기본패턴은 리비도 에너지 집중으로 대상에게 매달리고 이때 공격적 에너지는 그것을 제거한다. 이러한 패턴이 형성되고 나면 자아는 대상을 보호하기 위해 긴장의 방출 양을 통제하기 시작한다. 이것은 대상을 보호하는 역할은 하지만 긴장을 감소시키기에 충분하지 않다. 따라서 유아는 공격적 에너지의 흐름을 자신의 내부로 향하게 하고 그 결과 정신기구는 해체되고 결국 정신증을 유발시키게 된다.[50]

정신분열증 환자와의 치료에서 핵심은 방출되지 않은 공격성을 어떻게 다룰 것 인가 이다. 분석적 임무는 방출을 가로막는 방해물을 제거하고 방출을 원활하게 하는 것이다. 그러나 이때 행동화로 인한 방출이 아니라 언어에 의한 방출이 필요하다. 글라우버(Glauber)에 의하면,

> 말(speech)은 모든 본능적 욕동의 표현의 수단이며 무의식에서는 사고와 말이 다양한 형태로 표현되며, 이에 리비도와 공격적 에너지가 고도로 집중되기 때문에 사고와 말을 통해 소원을 표현하는 것은 실제 소원을 성취하는 것과 등치된다.

따라서 환자가 자신의 정서를 언어화 할 수 있을 때 정신증적 증상은 사라지게 되고 또한 행동화가 아닌 보다 건강한 방식으로 자신의 정서를 다룰 수 있게 된다.[51]

### (3) 의사소통으로서의 무의식적 환상

인간의 욕구들 사이의 갈등을 연구할 때 우리는 오래된, 대상 이전의 무의식 상태인 깊은 무의식적 환상에 도달하고, 그 상태에서 욕구들 사이의 상호작용은 매우 다양하다. 그러나 언어습득 이전 환자들은 이른 시기의 갈망들과 동기들이 상호관계와 관련이 되어 있다. 따라서 자기애적 환자에게 상징적으로 먹을 것이 제공될 때, 그 환자는 자신의 즐거움에 대한 내적인 원인과의 결합(union)에 대한 행복한 환상을 창출하고, 그것은 환자 자신의 전능성(omnipotence)으로 경험된다. 자기애적 환자에게 있어 다른 사람과의 결합은 자아에 대해 잃어버린 부분과의 재 연결(reconnection)에 대한 갈망으로 간주될 수 있다. 그것은 욕구긴장(drive tension)을 감소시키는 내적인 힘을 개인이 소유한다는 무의식적 환상을 표현하는 방법이고 그 환자는 그 환상이 상실되었을 때 두렵게 된다. 무의식적 환상은 욕구들에 대한 하나의 언어이다. 욕구들은 정신적인 삶보다 생물학적 수준에 더 가까운 소통의 형식이며, 성교(coitus)에서 보여 지는 주기적이고 반복적인 리듬으로 간주될 수 있다. 무의식적 환상은 삶을 통해 자신이 움직이는 것처럼 각 개인에게 독특하게 움직이는 것으로 무의식 안에 존재한다.

우리가 무의식적 환상이라고 얘기할 때 엄밀히 말하면 그것은 의식적 망상이다. 예를 들어 "나는 무엇이든 할수 있다"는 환상은 욕구 방출을 통제할 능력 혹은 무능력과 관련되어 있다. 인식(awareness) 외부에 남아있는 것은 그 환상이 성취하는 목적이다. 미학(美學)에서 예술가들은 경험의 단편이 그들을 창의적 행위로 이끌 것이라고 말한다. 이것은 정신분석에서 말하는 무의식적 환상에 대한 특성을 유사하게 드러내는 것이다. 이것은 내부로부터 그들의 인식 외부에 있는 어떤 것을 접촉하는 것 같고, 그 장면은 전개되는 예술 형식의 핵심이 된다. 각 개인은 자신의 삶을 통해 그가 움직이는 것처럼 각 개인에게 독특하게 움직이는 것이 그의 무의식 안에 존재한다.

모던 정신분석가들은 언어 습득 이전의 삶에 도달하는 왕도(王道)로써 전이 안에서의 "실연(enactments)"을 연구한다. 이러한 접근의 일부가 신체적 증상들과 언어 습득 이전의 갈등을 표현하는 원시적인 정신적 현상들인 환상을 이해하는 것이다. [52)]

## 전이와 역전이

### (1) 자기애적 전이

자아와 대상이 다양한 정도로 혼합되는 발달의 단계를 특징으로 하는 자기애적 환자들은 자아와 대상이 분리되어 있지 않기 때문에 나의 것이 너의 것이 되고 너의 것이 나의 것이 되는 상황에 있다. 따라서 이들은 오이디푸스 환자들의 대상전이와는 달리 분석가에게 자신의 자기애적 시기의 희미하고 애매한 심상을 전이하는데 이를 자기애적 전이라고 한다. 분석가에게 전이되는 것은 어린아이로서 환자 자신과 다양한 대상들(주로 부모의) 그리고 혼란스러운 자기대상 배열과 같은 그 시기의 여러 인격들을 나타낼 수 있다.

자기애적 시기에 어머니와 아이 사이에 주고받는 것은 본질적으로 감정적인 것이었기 때문에 이들은 사고, 감정, 기억들이 언어적 표현과 관련 되지 않는다. 따라서 환자-분석가 사이도 감정적인 교환의 형식을 취할 때에만 의미를 가질 수 있고 자기애적 전이의 발전은 통찰력에 의존하는 것이 아니라 감정적인 과정이다. 환자에게 수용대상이 있는 곳에서 과거의 감정을 다시 경험할 기회를 제공하고 환자가 생애 첫해에 수행했던 생존을 위한 노력을 되풀이하기 위한 기회를 제공한다. 환자의 감정들, 특히 노여움의 감정들을 동원하고 그 감정들은 초기 대상의 대리인으로 서 있는 분석가를 향하여 언어로 표출함으로써 환자가 자기애적 시기의 갈등과 고착을 떨쳐 버리게 된다.

치료의 시작과 함께 분석가는 환자가 안전함을 느끼고 치료를 계속할 수 있도록 편안한 감정적 환경을 창출하도록 노력 한다. 처음에 환자는 그가 고착되었던 시기에 경험했던 대상으로써 분석가를 경험한다. 이시기에 환자는 대상이 존재하지 않았기 때문에 전이는 대상에 대한 태도에 관한 것이 아니라 대상에 대한 것이다. 환자는 자신만의 껍데기 안에 둘러싸인 상태로 남아 있으며, 치료에 협조적이지 않다. 침묵으로 일관하거나 치료 자체를 거부할 수도 있고, 분석가는 아랑곳하지 않고 자신만의 어떤 행동을 할 수도 있다. 이때 자기애적 전이 형성에 대한 모든 책임은 분석가가 떠맡는다. 환자와 분석가가 교대로 언어적 교환을 하는 것은 말하는 것에 대한 환자의 저항을 제거하고 해결할 수 있게 해준다.[53]

말러(Mahler)의 발달모델을 보면 유아는 정상적인 자폐성의 단계를 거쳐 공생과 분리-개별화의 단계로 발전한다고 한다. 이는 분화된 대상이 없는 상태에서 어머니의 모유와 유아사이의 상호작용을 기반으로 유아는 대상의 필요와 만족을 느끼기 시작하면서 자아와 대상이 나타나기 시작한다. 자아는 다수의 기능들과 동일시의 습득에 의해 자아 경계를 발전시키고 안정시킨다. 자기애적 환자의 자기-몰입적인 상태는 말러의 정상적 자폐성에 견줄 수 있다. 자기애적 전이에서 분석가를 분리된 것으로 느끼지 않으며, 자신의 자아와 함께 정신적으로 서로 얽혀 있는 존재로써 경험한다. 그것은 마치 자기 자신의 또 다른 일부로부터 나오는 감각들을 다루는 것 같다.

자기애적 전이의 목적은 생애초기 몇 달의 시기에 자신의 어머니의 손에서 그 사람이 겪은 손상을 원상태로 돌리는 것이고 그가 성장하도록 돕는 것이다. 초기의 손상을 원상태로 돌리기 위해, 환자는 그가 자신의 어머니를 경험했던 것처럼 분석가를 겪어야 한다. 이것은 분석가가 환자를 위해 생애 첫 몇 주 혹은 몇 달 동안 유아에게 가지는 어머니의 특별한 감정적 중요성을 취할 때에만 가능하다. 과거 좌절의 영향을 바로잡기 위해서는 환자는 분석가와의 관계에서 그러한 경험을 재생해야만 한다.[54)]

### (2) 부정적 자기애적 전이의 필요성

자기애적 시기에 있어서의 주요 문제는 지나친 좌절, 분노 그리고 이러한 감정들에 숨겨진 자기애적 방어의 기제들로 집중될 수 있다. 가치 있는 치료가 되려면 자기애적 방어가 해결되어야만 하고 부정적인 감정들이 표면에 나타나는 방법을 찾아야만 한다. 분석가의 목적은 궁극적으로 환자가 어린 시절에 억압된 그리고 분석가에게 옮겨진 분노를 언어로 표현하도록 하기 위해 저항을 해결하는 것이다. 어린 시절부터 억압된 많은 환자들은 어떤 종류의 감정도 표현할 기본적인 능력을 발전시키지 못한다. 환자는 공격적인 혹은 여타의 감정들을 표현할 수단을 가지고 있지 않기 때문에 저항하도록 분석가에 의해 강요받는다.

분석가가 자기애적 전이를 발전시키는 주요한 목표들 중 하나는 환자의 저항을 활성화 시키는 것이다. 자기애적 환자의 치료에서 저항은 소통을 방해하는 어떤 것을 말한다. 환자는 반복적으로 불평함으로써 저항하게 되는데, 이때 반복은 생산적인 소통을 가로막는다. 저항의 또 다른 형태로써 환자는 분석가의 질문을 존중하지 않거나 질문을 방어로써 받아 넘기며, 분석가를 존재하지 않는 것처럼 취급한다. 환자가 이러한 저항을 나타낼 때 부정적 자기애적 전이 상태에 있다고 볼 수 있다. 환자는 분석가에게 화가

나 있지만 자신의 감정을 공개적으로 표현하기를 회피한다. 전형적인 자기애적 방식으로 환자는 자신의 분노를 삼키고 분석가의 분리된 존재를 부인함으로써 그를 보호하는 것이다.[55)]

### (3) 자기애적 역전이

자기애적 환자가 분석가에게 불러일으키는 역전이에는 세 종류의 유도된 감정들이 있다. 오이디푸스 환자의 역전이 반동과 연관되는 상보적 동일시[56)], 일치적 동일시[57)]와 스팟닛츠에 의해 의존적(양육적) 역전이라 불리 우는 감정이다. 이것은 초기에 정서적으로 박탈당한 환자를 "보살피고 싶은" 분석가 안의 강렬한 욕망으로, 환자의 적대감이나 환자를 향하는 분석가 자신의 적대감을 느끼는 것에 대한 무의식적 방어이다.

분석가들이 경험하는 역전이 감정에는 극도의 냉정함, 동정, 연민, 가망 없음, 철수, 무관심, 무기력, 귀찮음, 원인모를 불안, 때로는 졸음을 경험하기도 한다. 아마도 분석가가 가장 견디기 힘든 감정은 환자가 느끼는 무력감과 가망 없음으로부터 전해지는 가망 없는 분석가라는 감정일 것이다. 자기애적 환자들이 불러일으키는 역전이의 감정은 오이디푸스 수준의 환자들보다 훨씬 강렬하다. 더불어 분석가의 성격구조가 역전이 저항이 될 수도 있다. 따라서 이러한 환자와 작업하는 분석가에게는 강렬한 감정을 견딜 수 있는 강하고 잘 통합된 자아가 필수적이다.

분석가로 하여금 역전이 저항을 불러일으키는 원천으로는

"증오를 느끼지 말아야 할 필요, 사람들이 자신을 좋아해야 하는 필요, 옳아야 할 필요"등이다. 이것들은 분석가를 불안으로부터 방어하는 기능을 하지만, 유도된 감정들을 치료적으로 사용할 수 없게 한다. 따라서 환자들은 과거처럼 또 다시 자기애적 방어를 사용하는 악순환을 하게 된다. 분석가가 유도된 감정들을 경험하고 견디면서 적절하게 언어화 할 수 있다면 환자 또한 자신의 정동을 견디며 적절하게 언어화 할 수 있고 행동할 수 있게 된다.[58)]

## 저항과 자기애적 방어

### (1) 저항

한때는 저항이 분석상황에서 의사소통을 가로막는 것으로만 한정되었던 것에서, 점차 환자가 분석가와 정서적인 방식으로 기능하는 것을 가로막는 모든 세력들을 저항으로 인식한다. 또한 저항은 의사소통의 기능을 수행하기도 하는데 정신분열증 환자에게서 특히 그러하다. 저항은 크게 외적저항과 내적 저항으로 나누어진다. 외적저항은 치료를 계속하기 위한 환자의 능력을 방해하는 모든 것을 일컫는다. 가장 흔하게는 환자 가족구성원의 방해하는 태도를 들 수 있는데 환자가 자기애적 일수록 이 저항은 크게 작용한다. 두통이나 기침 등은 그것 자체로는 저항으로 볼 수 없지만 환자 스스로 자신의 신체를 돌보지 않음으로써 지속적으로 의사소통이 방해되는 상황에 자신을 노출시키고 있다면 외적저항으로 간주될 수 있다. 이럴 때 분석가는 외적저항을 무시하기보다 환자를 지도하는 입장에 서게 된다.

내적저항으로는 억압저항[59], 초자아 저항[60], 이드저항, 반복 강박 저항[61]을 들 수 있다. 이 4가지 저항유형은 환자가 좌절스러운 상황에서 타인들과 관계 맺는 방식을 보여주며, 환자가 분석가와 정서적 의사소통이 가능할 때 나타난다. 일차적으로 중요한 저항으로는 변화를 반대하는 전이저항을 들 수 있다.[62]

분석이 진전됨에 따라 다양한 형태의 전이저항들이 나타나게 되는데, 5가지의 저항형태들이 순차적으로 나타난다. 치료 파괴적 저항, 현상유지 저항, 분석적 진전에 대한 저항, 협력에 대한 저항, 종결에 대한 저항 순이다. 즉각적인 개입이 필요한 저항은 초기, 치료 파괴적 저항으로 이는 분석관계 자체를 위태롭게 할 수 있다. 저항이 나타나게 되면 분석가는 먼저 어떠한 종류의 저항인지 인식하고, 저항의 강도와 양을 조절해야 한다. 특히 정신분열증 환자의 치료에 있어서 이는 중요하다. 저항에 대한 언어적 묘사는 환자의 접촉 기능에 따라 시기가 정해지며 저항적 행동에 대해 말을 하도록 돕기 위해서 다양한 기법들을 사용한다. 전이저항은 분석전체에 걸쳐서 나타나고 분석가의 정서적 의사소통과 반영적 과정들은 환자에게 새로운 동일시들을 가능하게 해주고 새로운 적응패턴을 형성하도록 돕는다.[63]

### (2) 자기애적 방어

어린아이는 숙달과 생존을 위해 자아의 방어를 동원한다. 이러한 방어들 중 많은 것들은 때때로 과장되고 일관성이 없는 상태로 성격구조에 박히게 된다. 성격구조는 현실을 대하는 자아의 습관적인 태도이다. 생의 초기에 자아형성이 진행되면서 유아는 어머니의 모유와 함께 시기별로 문화적이고 도덕적인 가치를 받아들인다. 자아는 종종 특정한 고통의 감정을 경험하는 것을 피하기 위해 방어를 형성하고 이것들은 성격특성들에 응집되고 저항이 된다. 저항은 관성력(inertial force)이 있고, 변화에 대한 반대를 표현한다. 또한 적응에 대한 저항의 방식을 유지하는 유기체의 경향에 대한 표현이다.

자기애적 환자에게 있어서 저항에 의해 표현되는 관성은 자기애적 방어를 유지할 환자의 필요에 의해 생겨난다. 발달의 자기애적 시기 안에 조직화된 방어로써 대상(자신의 어머니)을 보호하기 위하여 공격성을 자기 자신에게 돌림으로써 자아를 희생시킨다. 환자는 습관적으로 자신의 공격적인 감정들을 수동과 순종의 모습 이면에 감추고 전이의 상황에서도 똑 같이 그렇게 할 것이며 쉽사리 이 방어유형을 포기하지 않는다.

분석상황에서 환자는 두 가지 형태로 저항을 나타낸다. 환자는 자기 삶의 이야기를 말하는 것을 저항할 것이다. 왜냐하면 그것은 자신의 문제의 근간을 이루는 본래의 갈등들과 억압들을 노출하기 때문이다. 또한 환자의 감정이 분석가를 향한 전이에 방향을 두기 때문에 자신의 긍정적인 감정뿐만 아니라 부정적인 감정을 경험하고 언어화 하는 것을 피할 것이다. 분석상황에서 보여지는 이러한 저항은 환자의 소통의 한 형식이다. 환자는 더 심화해서 진행하기를 원하지 않는 것이다. 언어발달 이전에 고착된 환자는 그 시기에 유아가 어머니와 감정적 의사소통을 한 것처럼 분석상황에서 저항을 통해 재연하고 있는 것이다. 따라서 자기애적 환자의 저항은 분석가와 정서적으로 소통하는 자신의 방식인 것이다. 환자가 소통하는 것은 자신의 최초 관계들에 대한 충족되지 않은 감정적 욕구에 관한 이야기이며, 미성숙한 자아가 자신의 좌절을 처리하기 위해 발달시킨 방어들이다.

분석가가 환자의 욕구를 직접적으로 충족시키려는 노력은 바람직하지 않다. 아마도 분석가는 환자에게 박탈된 자기애적 공급을 하면서 양육하는 어머니의 역할과 환자의 어린 시절의 감정적인 결핍을 채우려는 노력을 하고 싶을 것이다. 환자에게 친절하고 상냥하게 대하며, 환자가 실제 상황을 어떻게 다루어야 할지 조언을 할지도 모른다. 환자는 분석가를 향해서 감사해 하며 잘 처리되는 느낌을 받을 것이다. 그러나 분석가의 이러한 행동은 오히려 환자의 자기애적 방어를 강화시키는 역할을 한다. 환자가 부정적인 표현을 항상 금지했던 유형을 지속시킬 것이고 이제까지 그랬던 것처럼 자기애적인 상태로 감정적으로 차단된 상태를 계속 할 것이다. 분석가는 간접적인 방식으로 소통에 대한 저항을 해결하는데 집중하고 환자가 다시 자신의 성숙적 발전을 계속하도록 해야 한다.[64]

## 기법

### (1) 접촉 기능[65)]

접촉 기능은 "환자의...정신분석가에 대한 일부 개인적인 정보를 이끌어 내려는 직접적인 시도이거나 혹은 환자가 말로 표현할 수 없는 일부 감정적인 문제에 있어서 정신 분석가를 관련짓는 능력이다." 스팟닛츠에 의하면 접촉 기능은 운용수단이고 그것에 의해 환자는 자기애적 전이의 발달을 통한 대상과의 가교(bridge)를 창출한다. 접촉 기능은 접촉하기와 접촉유지하기의 두 가지 형식으로 나타나는데, 이것은 환자가 분석가에게 다가가기를 시작할 수 있는가? 와 접촉이 성립된 후 정서적으로 중요한 상호교환을 유지할 수 있는가? 를 포함한다.

환자가 자기-몰입적 일수록, 분석가에게 접촉을 덜 할수록 더 자기애적 이라 할 수 있다. 환자가 분석가의 질문에 대처하는 방식은 대상을 대하는 방식을 규정한다. 모호한 대답이나 자기-몰입적인 대답 또는 침묵은 대상에 대한 환자의 접촉 기능의 결핍을 나타낸다. 따라서 환자가 접촉을 하고 접촉을 유지하는 정도 그리고 접촉의 특성은 자기애의 정도와 대상과의 관련성에 대한 일부 척도를 제공해 준다.

치료과정에서 접촉 기능은 혼란한 상태에 있는 분석가에게 안내자의 역할을 한다. 치료 초기에 분석가는 환자의 좌절-긴장에 대한 인내수준과 충동적인 행동에 대한 경향을 알지 못한다. 이때 분석가는 침묵의 상태를 유지하게 되고, 환자는 분석가에게 질문을 함으로써 접촉을 시도한다. 분석가는 환자의 질문에 자극이 되지 않을 정도로 한정되고 통제된 방식으로 "짧은 언어적인 공급"을 제공한다. 때로 환자는 자신의 사고, 감정, 문제들에 관해 이야기하지 않고, 분석가로 하여금 환자가 선택한 대상에 대해 말하도록 요청하기도 한다. 이는 자신의 감정으로부터 달아나려는 회피의 방법으로 접촉 기능을 저항으로 사용하는 측면과 한편으로는 연결에 대한 갈망으로 엄마의 모유에 대한 유아의 욕구로 볼 수 있다. 접촉에 반응하는 분석가를 보면서 환자는 자신의 이중적인, 자기 자신과 같은 모습의 대상을 보게 되고 자기 자신을 사랑하고 증오하는 것과 같이 그 대상을 사랑하고 증오하게 된다.

접촉 기능의 또 다른 역할은 분석에 있어서 발전을 측정하는 역할이다. 자기-몰입적인 상태에서 환자는 분석가와의 접촉을 회피한다. 마치 분석가가 존재하지 않는 것처럼 행동한다. 분석가의 개입에 대해 짧게 혹은 무시하는 태도로 일관한다. 따라서 분석에서의 발전에 대한 하나의 척도는 환자가 점차 이 위기로부터 벗어나 자신의 주의력을 분석가에게 향하게 하는 것이고 분석가에 대한 환자의 접촉 기능의 발달은 정신분석적 발전을 평가하는 하나의 기준이 된다.

접촉 기능은 소통의 두 가지 형식을 동시에 가지고 있다. 발전적 소통에 대한 저항으로 작용하기도 하고 분석가와의 직접적인 언어적 소통을 위한 수단으로 역할을 하기도 한다. 발전적 소통을 할 때 환자는 자신의 생각과 환상들 그리고 초년시절의 기억을 회상하고 말로 표현한다. 초년기의 좌절과 관련된 강력하고 억압된 감정들이 급증하면 환자는 불안이 커지고 저항의 시기에 들어간다. 이때 분석이 잘 진행된다면 환자는 불안한 감정들과 파괴적 충동들을 중단하기 위해 분석가에게 의존하게 되고 환자의 저항은 접촉 기능의 형식을 취한다. 이로 인해 자기애적 전이는 심화, 발전하게 되고 환자의 발전적인 의사소통은 확장된다. 자기애적 환자의 정신분석은 담화의 두 가지 대조적인 양식으로부터 유래하고 저항에 대한 반복되는 증가와 결심을 수반하는 소통의 교차하는 에피소드에 의해 진행된다. 분석가는 자아에 대한 접촉 기능을 통해 치료를 한다.

### (2) 대상-지향적인 질문[66)]

대상-지향적인 질문은 환자 자신의 자아로부터 주의를 돌리도록 대상 또는 외부적인 사건들을 향하여 계산된 질문이다. 자기애적 환자의 정서적 상태는 자아와 대상이 아직 완전히 분리되지 않고, 하나가 종종 다른 하나로 혼동되는 발달의 자기애적 시기에 고착되어 있다. 자아는 안정적이지 않고 개략적으로 이동하면서 자아의 기능을 확신하지 못하고 외부세계와 관련하여 불안정하다. 특히 자기애적 방어로 인해 자신의 긍정적, 부정적 감정들을 표현할 수 없는 상태여서 분석가의 개입은 환자의 감정적인 껍데기로부터 환자를 부화하도록 의도된 소통이어야 한다.

자기애적 환자의 미성숙한 자아는 있는 그대로의 사실들과 해석에 의해 노출된 연관성을 대처할 수 없다. 분석가의 해석적 진술은 환자에 의해 혼란스럽고 위협적인 것으로 경험되고 환자 안에서 공격적인 행동을 향한 충동을 발생시킨다. 이와 함께 충동들을 통제할 자신의 능력에 대한 불안이 야기되고 성격에 관한 저항 유형을 활성화 시킨다.

대상-지향적 질문은 이러한 소통에 대한 저항을 해결하고 지나친 좌절-긴장에 맞서 환자의 자아를 보호하는 역할을 한다. 자기-몰입적 상태에 있는 환자는 분석가와 아무런 접촉을 하지 않는다. 이때 분석가의 대상-지향적 질문은 환자를 퇴행으로부터 중증 병리적 상태에 이르기까지 환자를 안전하게 한다. 또한 회기에서 환자가 자신의 내적인 삶을 너무 많이 노출할 때 통제할 수 없는 퇴행에 이르게 된다. 이때 대상-지향적 질문은 환자가 자기를 드러내는 것에 제한을 둠으로써 심각한 퇴행을 막을 수 있다. 그리고 환각을 일으키는 환자의 경우는 현실에 머물게 하는 역할을 한다. 모든 경우 분석가는 생산적으로 언어화 하는 것에 대한 환자의 저항을 해결하기 위해 대상-지향적인 질문을 사용하고, 질문은 지나친 스트레스로부터 환자의 자아를 보호하기 위해서 주의 깊게 그리고 "객관적으로" 구성된다. 대상-지향적 질문은 환자를 연결하고 반영하는 소통의 주요한 형식들 중 하나이며, 환자에게 좌절과 만족에 대한 반응을 경험할 기회를 제공한다. 환자의 숨겨진 공격적이고 본능적인 감정들을 안전하게 표현하도록 도울 뿐 아니라 접촉 기능의 발달을 가져오고 자기애적 전이의 발전과 밀접하게 관련되어 있다.

환자가 자기-몰입 적 상태에 있을수록 질문은 더 단순해진다. 그러나 환자가 성숙적으로 발달해 감에 따라 질문들은 더 복잡해지고 지향적이게 된다. 질문의 내용을 보면 초기에는 그의 이름은 무엇이고, 나이는 몇 살인지 등이다. 여기서 조금 더 발전하게 되면 '그가 그렇게 말했을 때 그는 무슨 생각을 했는가?' '그가 그것을 들었을 때 그는 어떻게 느꼈는가?'의 질문의 형태를 띤다. 이 지점에 이르기까지 질문들은 환자에 대한 외부적인 문제들을 다루고 그 문제들은 투사에 의해 환자가 자기만의 감정들을 묘사하도록 돕는다. 이러한 과정을 거쳐 자아-지향적인 질문의 영역으로 나갈 수 있고, 자신의 감정을 직접 다룰 수 있게 되면 환자는 더 이상 자기애적 전이의 상태에 머무르지 않는다. 초보적인 것으로부터 복잡한 것에 이르는 질문의 범위에서 대상-지향적 질문은 자기애적 전이 발달의 부속물로써 그리고 환자의 성숙의 척도로서 역할을 한다.

### (3) 죠이닝 Joining 과 미러링 Mirroring

스팟닛츠와 그의 동료들은 자기애적 환자의 완고한 저항과 마주하면서 "상대를 꺽을 수 없다면 그들 편에서라"는 격언을 떠올리며 죠이닝과 미러링 기법을 생각해 냈다. 이것들은 환자에게 분석가가 동의한다는 것을 전달하는 분석가로부터의 소통을 말한다. 동의의 이면에는 환자의 의식적 감정 상태와 일치하는 동의에 대한 몇몇의 단계들이 포함된다.

죠이닝에서 동의는 다양한 형식을 취할 수 있다. 예, 맞아요의 간단한 대답이나 환자의 진술을 따라 할 수도 있고, 환자의 견해를 수용하고 그 견해를 유지하도록 권고 할 수도 있으며 환자가 그 인식을 상세히 설명하도록 도움으로써 환자의 인식을 추구 할 수도 있다. 저항에 동의하고 편승하고 지지하고 강화하는 즉 저항에 합류하는 다른 의미를 구성한다. 환자가 자기 자신을 평가절하하면 분석가도 자신을 평가절하 한다. 분석가에게 질문을 하면 환자에게도 비슷한 질문을 한다. 환자가 분석가에 대해 어떤 생각을 표현하면 분석가는 환자에 대하여 비슷한 생각을 표현한다. 죠이닝이 치료에 있어서 자기애적 저항을 해결하는 매우 효과적인 기법이기는 하나 언제, 어떻게 적용할지를 결정하는데 있어서는 신중함이 요구된다. 최악의 경우 분석을 무효화 시킬 수도 있다. 그래서 스팟닛츠는 "기계적으로 탁 켜질 수 있는 장치"로써 죠이닝 기법을 사용하는 것에 대해 경고한다. 그것 자체가 본질적인 것이 되어서는 안 되며 저항해결이라는 목적을 달성하기 위한 수단으로만 사용되어야 한다.

미러링은 하나의 단일한 사고 또는 환자에 대한 태도가 아니라 환자의 전체적인 접근방법에 관한 것이다. 자기-몰입적 상태에서 환자는 분석가와의 접촉 없이, 회기마다 자신의 아픔과 고통 또는 고통스러운 감정이나 경험들을 불평하면서 보낸다. 이때 분석가는 환자의 관심을 분석가 자신에게 돌리면서 스스로에 대해 질문을 하기 시작한다. 즉 환자의 자기중심적 태도를 반영하면서 정확하게 환자가 하고 있는 것을 하는 것이다. "당신이 묘사하는 것들에 관해서 제가 어떻게 느낄까요?"

죠이닝과 미러링 기법에는 각각 자아-동조적인 경우와 자아-이조적인 질문의 형태가 있다.[67] 이 기법들은 환자의 사고와 감정들을 언어로 옮기는 것에 대한 자기애적 저항을 해결하기 위한 오로지 하나의 목적에만 활용된다. 모든 사례에서 기법의 궁극적 목적은 환자의 언어화를 돕는 것이다. 분석가는 처음에 환자의 저항에 합류함으로써 자신의 비협조적인 태도를 지지하고 강화함으로써 이 목적을 수행한다. 분석가는 환자가 자신만의 의지력으로 자기애적 방어를 포기할 정도로 충분히 안정감을 느낄 때까지 자기애적 방어를 유지하도록 돕는다.

자기애적 전이를 발전시키는 과정에서 환자는 자신의 진정한 원형인 인물의 자아가 자기 자신과 일치함에 따라서 분석가를 서서히 받아들이게 된다. 분석가에 의해 제시된 자아에 대한 똑같은 한 쌍의 이미지는 환자가 혼자가 아니라는 그리고 마음이 맞는 사람이 자신의 삶에 대해 견해와 충돌이라는 명백한 증거로서 역할을 한다.[68] 따라서 죠이닝과 미러링은 '자아-수정 기법들'로써 언어이전의 환자들이 보이는 가장 큰 저항패턴인 공격성을 자신에게 돌리면서 무효화 시키는 패턴을 다루기 위해 사용된다. 환자들은 자신에게 동의하고 쌍둥이 이미지로 작용하는 분석가를 통해 자신의 공격적 충동들이 안전하다고 느끼게 되고 이는 공격성의 방향이 대상에게 향하도록 만드는 결과를 가져올 수 있다.[69)]

## 4. 헤롤드 서얼즈 Harold F. Searles

### 정신분열증의 특징

#### (1) 정신분열증의 원인

정신분열증의 뿌리는 엄마-유아의 공생관계에서 엄마와 유아 각각이 개별성(individuality) 단계로 분리하는데 실패했기 때문이다. 그러나 더 좋지 않은 상황은 엄마가 갖고 있는 뿌리 깊은 양가성(ambivalence)이 유아 자아의 통합과 분화를 방해하고 이를 단단하게 정립되지 못하게 했기 때문에 형성되는 것이다. 따라서 유아는 공생과 개별화라는 정상적인 발달의 단계에 진입하지 못한다. 그 결과 인격의 핵심은 형성되지 못 한 채 남겨지고 대상과 자기 안에 존재하는 양가성을 인식하는 것에 대한 매우 원시적이고 무의식적인 방어인 자아의 파편화와 탈분화(de-differentiation)는 더욱 강력해 진다. 갈등적 정서 상태를 통합하고 정체성을 확립하기 위해 유아가 엄마와의 관계에서 감당해야 했던 양가감정이 너무나 크고 자아 형성이 지나치게 방해받았을 경우, 유아는 정신분열증으로 가게된다.[70)]

어머니에 의해 심하게 거부된 긍정적 감정들이 정신분열증 환자와 그의 어머니 사이의 관계에 그리고 환자의 질병에 대한 발생과 유지에 가장 강력한 결정 요인들로 작용한다. 어머니는 잘 통합되지 않은 자신의 성격구조, 아이에 대한 어머니 자신의 애정에 대한 두려움, 어머니 자신의 낮은 자존감, 그리고 자신의 어머니와의 어린 시절의 관계로부터의 엄청난 감정들로 인한 자신의 아이와의 관계에서 발생하는 전이로 인해 아이가 보내오는 긍정적인 감정들을 무의식적으로 거부하는 것이다. 이때 아이는 어머니의 성격에서 분리된, 왜곡되어 개인화된 요소들을 내사(introjecting)하게 되고 어머니의 불완전한 통합을 보존할 헌신의 노력으로 자신의 잠재적인 개별성을 희생시키게 된다.[71]

### (2) 편집 정신분열증 Paranoid Schizophrenia 에서 불안의 원천[72]

편집증적인 환자들은 주변의 다양한 구성 요소들과 자신의 신체 안에서의 구성요소들을 자신을 향한 불길한 의미와 악의로 채워진 것으로 인식하고 경험하는 특징을 가지고 있다. 편집 정신분열증에서 투사의 방어 기제 만큼이나 내사는 중요하다. 환자는 외부 세계의 부분으로서 박해 적 인물뿐만 아니라, 스스로에게 거의 알려지지 않은 내사하는 인물에 의해서도 박해 받는 만성적인 위협 아래에서 살고 있다. 그들이 내사하는 인물은 그의 자아의 외부 경계에 속한 사람들의 왜곡된 표상들로서, 그의 인격 안에서

이 물체(foreign body)로 존재하면서, 투사를 통해 자기에 속한 많은 정동(affect)과 관념(ideation)을 외부 세계로 비워냄으로써 자기로 간주되는 것의 영역을 희미하게 하고 침해한다.

서얼즈는 임상에서, 편집 정신분열증 환자들이 처음에는 모든 것에 대한 확고한 확신을 갖고 있고 그 관점이 자기만의 것이라는 것을 전혀 의심하지 않는다는 것을 반복해서 발견했다. 몇 년간의 집중적인 심리치료 후에야 환자는 그가 말하는 것이 그의 부모들과 어린 시절의 다른 중요한 사람들이 자신도 모르게 희화화되어 뒤죽박죽 잘못 이해된 것을 앵무새처럼 흉내 내는 것이거나 그렇지 않으면 그것의 왜곡된 표현이라는 관점에 도달했다.

망상적 환자는 동료들과 조화되지 못하며 삶을 변화와 성장, 충족, 상실, 출생과 죽음에 수반되는 것들과 충분히 통합시키지 못한다. 자신의 삶에서 중요한 사건과 중요하지 않은 사건을 구분할 수 있을 정도로 사고과정이 성숙되지 못하며, 인간에게 응집성과 의미를 주는 요소로서의 사랑을 경험하지 못한다. 그들은 현저하게 기분이 변화하고, 자아-조직화에서 광범위하게 상이한 수준을 갖고 있으며, 빠르게 변화하고 무작위적인 순서(random sequence)를 드러낸다. 세상에 대한 지각은 환각현상과 과거의 장면들의 선명한 지각들과 뒤섞여 진다.

다른 사람들뿐만 아니라 자신을 현재의 삶과 과거로부터 인간의 신체적 파편들의 구성물이라는 차원에서 불온전한(unwhole) 것으로 경험한다. 그는 연속적 사고와 말을 할 수 없을 것이며,

치료사가 환자에게 말한 것들의 파편들만 들을 수 있을 것이다. 환자들이 겪고 있는 파편화는 통합–분화의 일반적인 성장과정의 역(逆)으로서 이 단계에서 해체(disintegration)와 탈분화(de-differentiation)의 현상[73]이 있다. 따라서 파편화는 외부세계와 자기안의 세계가 섞이는 자아–경계의 상실로서 탈–분화 현상에서 이루어지는 것으로 볼 수 있다. 또한 현재와 과거 사이의 구분이 상실되는데, 현재의 사람들은 과거 사람으로 오인되고 반대로 과거로부터의 기억은 지금–여기의 지각으로 경험된다. 그리고 생각하기, 느끼기, 행동하기 사이의 분화의 상실이 발생한다.

편집성 정신분열증 환자는 불안에 대한 방어로서 투사, 내사, 분해와 탈–분화를 사용하지만 환자들은 그 대가로 기묘함에 대한 경험을 하게 된다. 이때 환자의 자기–개념은 초자아가 너무 가혹해서 욕망이 전혀 드러나지 못하게 하고 형태를 굉장히 위장하기 때문에 악몽같이 왜곡된 세상에서 살게 하는 결과를 가져온다. 이것은 사고, 지각, 감각이 분화되지 않아 불안정하게 형성되어 있는 어린 아이들의 상태와 견줄 수 있다. 그들이 경험하는 것은 초기의 분화되지 않은 자아–기능의 수준으로, 닫혀 진 문 뒤와 어두운 구석에 숨어 있는 희미한 윤곽의 형태이다.

편집성 정신분열증 환자에게 가장 기본이 되는 위협은 인간으로서 소멸하게 될 것이라는 것이다. 이 위협은 다양한 형태로 나타나는데 첫째, 자신의 정체성이 온전한 인간이 되기보다는 신체의 유일한 부분(대개는 생식기)의 정체성으로 줄어들게 될 것이라는 위험이 있다. 둘째, 그의 개성이 다른 사람들과의 공생적 관계로 빠질지도 모른다는 위험이 있다. 셋째, 동료들과의 관계에서 그의 지위가 동물, 죽은 사람, 또는 무생물적 대상의 지위로 감소하게 될 것이라는 위험이 있다. 마지막으로 그가 사람들에게서 완전히 사라지게 될지도 모른다는 위험이 있다.

### (3) 구체적 사고와 은유적 사고의 분화

랑거(Langer)는 상징화(symbol-making) 기능은 인간의 정신 가운데 근본적인 과정으로 기본적인 1차적 욕구이며, 다른 피조물들은 가지고 있지 않는 것이라고 하였다. 큐비(Kubie)는 인간의 상징화 능력을 "인간의 독특한 특징…인간의 가장 높은 심리학적이고 정신적인 능력들의 필수요소"로 칭했고, 상징화 능력의 장애에 모든 성인의 정신병이 존재한다고 말한다.

블로일러(Bleuler)는 정신분열증을 사고 능력의 장애를 포함하는 것으로 보았고, 워너(Werner)는 사고의 한 수준에서 구체적인 것과 은유적인 것 사이에 결핍이 있다고 보았다.[74]

정신분열증 환자들은 자아분화(ego differentiation)가 제대로 이루어지지 않았기 때문에 희미하고 모호한 자아경계를 가지고 있다. 그 결과 그들은 문자 그대로의 사고방식을 하고 이것은 그들의 억압된 정서의 혼란한 상태에 대한 무의식적 방어의 역할을 한다. 따라서 확고한 자아경계의 확립은 은유적 사고의 필수적인 요소이다.[75] 종종 정신분열증 환자들은 주관적으로 어떤 상상력을 가지지 않는다. 상상력의 산물인 어떤 환상이 그들의 자아 인식으로 들어오는 순간, 이것을 실질적인 존재로 그리고 자기 주변 세계의 숨김없는 특성으로 인식한다. 그들은 실질적인 사건들과 인식의 영역으로부터 분리된 분화된 상상의 영역을 경험할 수 없다. 또한 환자의 과거 사건들에 대한 기억은 자신에 의해 경험되지 않고 오히려 문자 그대로의 재연으로써 자기 주변인들에 의해 그러한 사건들의 기억들이 경험된다. 정신분열증 환자의 "구체적인(concrete)" 사고는 잠재적으로 구체적 의미들과 은유적 의미들 사이의 구분이 없는 미분화된 사고이다. 이러한 "사고장애"는 정상적인 성인에게 있는 사고의 층과 비교할 만한 어떤 제한된 경험의 영역으로 제한되지 않는다. 왜냐하면 심각하게 탈분화된 환자에게 있어서 자신의 주관적 경험은 그렇게 명확한 층이 존재하지 않기 때문이다. 그 사고 장애는 자기 전체의 정서적 삶으로 스며들고 자기 주변의 세계와 스스로의 전체 지각의 경험으로 침투한다.

자아 경계의 분리는 정신분열 과정의 비극적 결과일 뿐만 아니라 그 과정을 포함하는 강력한 방어기제들 중 하나이다. 따라서 자아경계는 정신분열증의 질병체계가 환자를 방어하도록 계획된 강렬하고 대립적인 감정들을 환자가 직면할 수 있게 됨에 따라서만이 서서히 세워질 수 있다. 이 과정은 장기적이고 집중적인 정신치료를 통해서 해결될 수 있는 것이다.[77]

## 정신분열증 환자의 의사소통

### (1) 의사소통의 특징

정신분열증 환자들은 의사소통에 있어서 신뢰할만한 기법들을 거의 가지고 있지 않다. 그들은 먹거나 걷거나 책을 읽거나 음악을 듣거나 무엇을 하든지, 그 자체로 결과를 가지는 즉각적인 경험으로써의 활동에 거의 몰두할 수가 없다. 꿈이 다양한 위장들(disguises)을 거쳐야만 표현될 수 있듯이, 그들의 의사소통 또한 다양한 방어의 양식들을 가지고 있다. 정신분열증 환자들의 언급(comment)은 다른 사람과 관계가 있고, 종종 자신이 살고 있는 현재가 아닌 다른 시기의 측면을 말한다. 전위(displacement)를 통해 현재 삶의 사건들에 대한 전의식적(preconscious)이거나 무의식(unconscious)인 것을 표현 한다. 많은 사례에서 환자들은 전위된 상황에서 의사소통이 되는 감정들을 경험했다. 그들의 지각-개념적(perceptual-conceptual) 경험이 너무 형편없이 분화되어서 전위를 무의식적으로 사용하는 경향이 있다. 또한 환자들은 많은 시간을 치료사(대부분 사례에서는 어머니)가 자신을 좋아하는지 아닌지에 대한 질문에 몰두하고 있었다. 전위를 포함하는 상황에서 표현되는 수십 가지의 다른 질문들 안에서 이것에 관해 과감히 질문을 한다.

투사(projection)를 통해 환자들은 자신의 무의식에서 작용하는 감정들과 주관적인 경험에 대해 자세하고 정교한 방식으로 자신에게 무슨 일이 일어나고 있는지를 알려준다.[78] 더 나아가 단지 감정들뿐만 아니라 상징과 암시를 통해 수동적인 의사소통에 대한 자신만의 태도 또한 투사한다. 한 환자의 경우 대부분의 회기가 침묵의 상태로 유지되었는데, 회기에서 치료사가 생각 없이 환자와 가까운 손인 오른손 손가락으로 의자를 톡톡 치자 환자는 뭔가를 발견한 어조로 '당신은 젊었을 때 손버릇이 좋지 않았군요: 저는 이해해요'했다. 나중에 이 환자의 소년시절에 도둑질한 경험이 있었다는 것을 알게 되었다.[79]

정신분열증 환자의 행동은 내사(introjection)된 대상에 의한 완벽한 지휘 하에 이루어지고 자아는 내사에 의해 압도된다. 환자의 자아가 분화되지 않을수록, 환자는 내사와 자아 사이를 구분할 수 없게 된다. 근본적으로 환자는 자아의 분간할 수 없는 부분으로써 주로 치료사에게 또는 자신의 현재 환경들에서 혹은 과거의 누군가에게 '속하는' 어떤 특성을 경험한다. 치료사가 환자의 의사소통에서 내사가 나타나고 지배하고 있는 시기를 분간하는 것은 쉽지 않다.[80]

응축(condensation)을 통해 분열증 환자들은 비교적 간단하게 보이는 그들의 언어적 혹은 비언어적 진술에 다양한 의미들과 감정들이 집중되거나 감소된다. 예를 들어 간결하고 정형화된 언어적 표현이 처음에는 단지 공허한 관습처럼 보이지만 다양하고 강렬한 감정들을 표현하는 수단으로 사용된다. 환자들이 자신의 복잡하고 분화되지 않은 감정들을 방출하기에 가장 적절한 표현은 웃음일 것이다. 정신분열증 환자들 가운데서 가장 심각하게 분화되지 않은 파과성(hebephrenic) 환자는 자신의 성격적 특성들 중 하나로써 누군가 모멸당하고 증오되는 느낌이 들게 하는 웃음, 우는 것 같은 느낌이 들게 하는 웃음 또는 개인의 절망에 대한 쓸쓸하고 공허한 확장을 엿보게 하는 웃음을 보여준다. 환자의 당황스러워 하는 언어적 의사소통의 많은 이유는 구체적인 의미들이 환자 자신의 주관적 경험 안에서 상징적인 의미들로부터 분화가 되지 않았기 때문이다. 따라서 환자는 어떤 구체적인 것을 언급할 수도 있고 또는 초월적인 전 세계적인 사건들에 대한 과장의 언급을 하는 상징적인 음성(symbolic-sounding)에 의해 자신의 직접적인 환경 안에서의 사건을 언급할 수도 있다. 그러나 숨겨진 의미들에 대해서 환자 자신은 완전히 인식하지 못한다.[81)]

환자가 언어화 하는 내용은 강렬한 감정으로 가득 찬 사건들 혹은 상황들에 대한 설명일수 있다. 그러나 그 단어들은 놀랍게도 정서적 어조로부터 고립된 말들이다. 고립(isolation)은 강렬하게 양가성(ambivalent)의 감정들의 인식에 맞서 정립된 방어로서 어떤 감정들을 분간하고 경험할 수 없게 한다.[82)]

### (2) 정신 역동[83)]

환자가 자아기능의 초기 단계로 퇴행(regression)하고 있는 환경은 정신분열증 환자의 의사소통의 특이한 성격들(idiosyncrasies)의 많은 부분을 설명하는데 도움이 된다. 정신분열증 환자의 퇴행은 사고와 주관적인 경험에 있어서 구체적인 사고와 은유적인 사고 사이를 아직 분화할 수 없는 어린 아이의 수준과 비교할 만한 발달적 수준에 있다. 아직 말하는 법을 배우지 못했지만 재잘대기를 좋아하고 자신의 재잘 되는 소리를 듣기 좋아하는 어린 아이와 같이, 단어들을 말하는 즐거움과 단어들에 대한 소리를 듣는 즐거움에 몰입한다. 비-언어적 환자는 실질적으로 유아기 또는 매우 어린 유년 시절의 언어습득 이전의 시기로 훨씬 더 퇴행한 것으로 간주될지도 모른다.

분열증 환자의 특성들 중 하나로써 받아들여지는 매우 낮은 자존감(self-esteem)은 의사소통에 대한 병리적 형식에 기본이 되는 또 다른 정신 역동적 특징이다. 환자의 축 처진 어깨, 면도를 하지 않아 까칠게 자란 턱수염 그리고 부랑자와 같은 옷차림은 그가 사회의 일환이 되지 않게 하는 것들에 대한 자신의 비난과 사회에 속하지 않는 자신의 감정을 전달한다. 이것은 지독하게 낮은 자존감에 대한 표현으로써 뿐만 아니라 낮은 자존감 자체에 기반을 둔다. 성숙한 언어적 상징의 방식들이 환자에게 아직 용이하지 않기 때문에, 신체의 자세들이나 비언어적인 풍자의 사용을 포함하는 낮은 자존감으로 소통하는 방식을 필요로 하고 이것은 환자의 자존감의 낮은 상태에 대한 결정요소들 중 하나를 형성한다.

분열증 환자들이 가지는 정신역동의 또 다른 근본적인 측면인, 강렬한 양가성(ambivalence)은 다양한 종류[84]의 의사소통에 기여한다. 또한 환자의 무서운 초자아는 심하게 위장되고 단편적인 의사소통을 하게 만든다. 치료가 전개되면서 환자는 무서운 초자아를 자유로운 의사소통을 금지하는 자신의 외부에 있는 어떤 것으로 경험하고 치료사의 언급들 가운데서 많은 핵심어들에 반응한다. 그러면서 환자는 스스로에게 있는 적대감, 공포 또는 슬픔의 영역을 우연히 다루게 되고 자신의 역할에 대해 점점 더 명확하게 인식된 감수성으로 초자아를 해결할 수 있게 된다.

정신분열증의 언어적이고 비언어적인 의사소통 특징의 다양한 형식들은 치료사와 공생의 유아-어머니 관계를 성취하고 유지하려는 환자의 노력을 반영하는 것이다. 유아가 건강한 자아-분화(ego-differentiation)가 일어나기 위해서는 어머니와의 공생의 유대관계가 해결되어야만 한다. 환자는 전이를 통해 자아-분화로 나가기 전 필수적으로 해결되어야 하는 어머니와의 공생의 유대관계에 있다고 볼 수 있다.

치료 상에 나타나는 침묵은 환자와 치료사 각자의 역할에 있어서 풍부한 투사와 내사를 촉진시킨다. 환자는 치료사가 자신이 생각하고 느끼는 것을 알고 있다는 무언의 확신을 유지하고, 치료사 또한 환자가 자신의 생각들과 감정들을 공유한다는 것을 가정한다. 이것은 분화가 일어나기 전 유아와 엄마가 경험하는 일체감과 같다. 환자와 치료사 간에 언어적 상호작용이 수립되면 환자-치료사(어머니-유아)간의 주관적인 일체감은 상실되고 자아 경계들이 수립되면서 발전적인 개별화가 이루어진다. 전이의 전개는 환자의 감정-능력들(feeling-capacities)뿐만 아니라 치료사의 감정-능력들을 과도하게 요구한다. 치료사는 초기에 환자의 의사소통을 이해하는 법을 배워야 하고 이후에는 환자가 자신의 환경에서 다른 이들을 이해하는 용어로 소통하는 법을 배우도록 도와줘야 한다.

## 정신분열증 환자의 심리치료 특징

정신분열증 환자의 의사소통에 어떻게 반응할지에 대한 치료사의 선택은 그 의사소통이 '개인적으로 받아들여지는' 것인지 아닌지에 따라 결정된다. 예를 들어 당혹, 혼동, 불안, 굴욕, 분노 또는 어떤 다른 부정적인 특색을 지닌 정서 상태로 치료사에게 받아들여지는 것인지 아닌지 또는 근본적으로 적대적이지 않은 욕구를 주로 전달하려는 노력으로써 받아들여지는 것인지 아닌지에 따라 결정된다.[85)]

치료사가 완전히 정형화되고 자기 패쇄적인 정신분열증 환자의 행동에 직면하여 상호간의 의사소통을 감지할 수 있다는 것은 중요하다. 예를 들어 한 환자의 군대식 인사는 무례하고 모욕적인 움직임으로 감지되기도 하고 때로는 애정, 진정한 존경, 도움에 대한 간청과 같은 감정들을 전달하기도 한다. 심각하고 기능적인 정신분열증의 최고 절정에서 원초적이고 통제되지 않은 환자의 움직임들은...그 움직임을 통해 의사소통의 유아기적인 체계를 재(再)정립하고자 하는 시도들로써 간주될 수 있다. 이 환자들은 이번에는 비언어적 용어들을 이해하고 응답할 사람이 있을 것이라는 희망을 가지고, 초기 유아기에서 좌절하였던 의사소통의 패턴을 재현하고자 하는 것과 같다. 치료가 진행됨에 따라 상호간의 움직임들이 점차 유아독존적인(solipsistic)움직임들을 대체하고, 자극이 반응과 일치하게 된다.[86)]

많은 정신분열증 환자들에게 있어서 비-언어적 의사소통은 언어적 의사소통보다 우선한다. 환자가 이러 저러한 갈등에 대해 최소한 부분적인 인식을 말(in words)로 나타낼 수 있을 때가지 치료사가 기다리는 것은 바람직하다. 물론 환자가 몸짓 그리고 다른 비-언어적인 방법들에 의해 나타내는 것은 치료사에게 풍부하고 귀중한 자료를 제공한다. 그러나 환자의 언어화(verbalizations)은 비-언어적 방법들에 의해 표현된 것들이 의식의 수준에 도달하기 시작한다는 것을 나타낸다. 치료사 안에 있는 자유와 성장에 대한 힘들이 수축(constriction)과 정지상태를 향해 도달하는 힘들보다도 더욱 강력할 때에만, 부분적으로 치료사와의 동일시를 통해서 환자가 살아가고 성장하며 점진적으로 건강하게 될 수 있다. 치료 상의 상호작용에 있어서 가장 필수적인 요소는 치료사 자신이 애정뿐만 아니라 증오를 가지고 있는 인간이라는 것을 수용할 수 있는 자유이다. 치료사가 환자의 당황스럽고 혼란스러운 의사소통에 반응하여 전지(全知)를 향한 완벽주의자와 같은 노력을 단념할 수 있게 되는 것은 바람직하다. 치료사의 실패를 보면서 환자는 자기 스스로를 성장하도록 돕는 일에 헌신하는 그리고 명백한 어려움에도 불구하고 합리적으로 잘 완수하는 사람의 실재(reality)를 경험할 기회를 갖게 한다.

정신분열증 환자의 내적세계는 '미친' 어머니의 내사의 지배하에 있다. 이것은 환자의 자아기능에 악의에 찬 조언으로 환자를 종종 청각적 환각의 상태로 이끈다. 환자가 치료사에게 하는 말들은 이러한 내사가 환자의 머리에 빗발치는 혼란스러운 말들의 반복이다. 다른 한편 내사는 오랫동안 환자만의 억압된 가학적 변태성욕에 대한 수단이 되어 오고 있다. 치료사를 내사의 파괴적인 힘에 노출시키고, 치료사로 하여금 '자신만의' 가학적 변태성욕의 감정을 드러내게 한다. 이를 통해 치료사는 상호작용에서 환자의 가학적 변태 성욕이 하는 역할을 인지하게 되고 스스로를 환자의 파괴적 의사소통에 맞서 보호할 수 있게 된다. 치료사가 환자의 파괴적인 의사소통에 맞서게 됨으로써 환자는 치료사에 대한 불만족과 분노가 점점 더 명확해진다. 그리고 나서 그 미친 산만함을 무시할 수 있는 치료사와의 확고부동의 동일시를 통해, 환자가 마침내 그것들을 무시할 수 있게 되고, 환자는 더 건강한 자아기능을 추진할 수 있게 된다.[87)]

정신분열증 환자와의 심리치료에서 효과적인 언어적 의사소통이 환자 안에서 발달할 수 있기 전, 즉 환자가 언어적 교환에 관여할 수 있기 전 비-언어적 양식으로 의사소통의 경험을 습득해야 한다. 왜냐하면 이 비-언어적 응답들을 통해서만이 비-언어적 환자는 영향을 받을 수 있기 때문이다. 비-언어적 상호작용이 정립되면 환자의 경험에 대한 구조는 점차 언어로 해석될 수 있게 된다. 심한 정신분열증 환자는 단지 고립된 말들이나 어구들만을 흥얼거릴 수 있다. 그의 언어의 단편들이 결합(associations)될 수 있게 되기까지는 많은 시간이 요구될 수 있다. 치료사에 의해 이루어지는 너무 빠른 자유로운 결합은 혼란스러운 환자를 침몰시키는 역할을 하게 된다. 치료사의 자유로운 결합의 과정들이 제한되지 않는 것은 좋은 일이지만, 치료사는 자신 안에서 그것이 더 잘 통합될 때 까지 그리고 환자가 충분히 통합된 자아를 발달시킬 때 까지 비-언어적 상호작용에 의존해야 한다. 이 과정을 통해 환자의 단편적인 주관적 경험에 대한 통합과 환자의 의사소통에 대한 통합은 비교적 방해받지 않은 상태로 나아갈 것이다.[88]

정신분열증 심리치료의 기법은 구체적이고 매우 깊이 있는 감정개입(feeling-involvements)의 점진적인 과정이라는 측면으로 가장 잘 설명된다. 치료사의 감정개입은 아주 깊은 관계일 수 밖에 없는데 치료에 필요한 긴 기간(6년이나 8년 혹은 10년은 기간)은 치료사의 측면에서 깊이 있는 개입을 조장하는 경향이 있다. 치료의 긴 기간 동안 환자와 보낸 시간들은 치료사가 경험하는 기쁨과 슬픔, 승리 그리고 가족이나 지인들의 죽음과 같은 모든 일상처럼 치료사의 일부가 된다.

또한 환자가 보이는 강렬한 전이의 다양한 형태는 치료사에게 비교적 강렬한 상보적인 감정반응을 불러일으키는 경향이 있다. 환자는 여러 가지 비언어적인 방법을 통해 치료자를 마치 환자의 아동기에 중요한 영향을 끼친 어른처럼 행동하도록 만들기도 하고, 환자의 전이로 활성화된 과거의 그런 어른들에게서 작동했던 종류의 강렬하고 뿌리 깊은 갈등을 야기하는 감정들을 경험하게 한다. 환자와의 관계에서 투사와 내사를 통해 환자의 아동기 때 정신병의 온상으로 자리 잡은 상대적으로 강렬하고 갈등을 야기하는 감정들 까지도 자연스럽게 경험한다고 해도 무리는 아니다.

치료사의 깊이 있는 감정개입이 불가피한 세 번째 이유는 초기 자아 형성의 본질적 측면에 내재하며, 초기 자아 형성과정을 건강하게 다시 작동하도록 하는 것은 정신분열증 치료에 있어서 핵심적인 부분이다. Spitz(1959)는 감정은 생후 18개 월동안 '정신의 조직자'(organizers of the psyche)라고 스스로가 명명한 인격형성에 있어서 주도적인 역할을 수행한다고 강조한다. 통합은 유아가 대상과 맺는 관계와 감정표현의 경험을 통해 이루어진다. 따라서 '정신의 수첩'의 척도는 감정표현이며 이것은 인격형성에 있어 다른 부분들의 발달보다 선행하고 정서적인 행동으로 볼 수 있는 것이다.[89]

## 치료 단계와 상호작용

### (1) 비(非) 접촉 out-of-contact 단계

서얼즈는 '자폐적 단계'라는 용어를 사용하지 않고 있다. 정신분열증은 자폐에서처럼 내부 세계와 외부 세계가 명확하게 구분되어 있지 않고, 유아의 초기 수준의 자아 발달 쪽으로 퇴행적 탈분화가 일어난다고 보기 때문이다.

비 접촉 단계는 치료의 전 과정을 지배하는데, 이 단계의 특징은 환자가 자신의 감정을 사용할 수 없고 환자의 감정들이 대인관계 속에서 표현되지 않는다. 환자의 감정표현의 잠재력은 환상과 망상, 정형화되고 판에 박힌 비언어적인 행동 등에 응축되어 기이함을 자아낸다. 이때 치료사는 환자의 행동에 대한 감정 반응을 거의 경험하지 못하며 환자가 치료사를 인식하고 있는 것으로 느껴지지 않는다. 이 단계에서는 치료사와 환자간의 깊이 있는 감정의 유대관계를 맺기 힘들다. 따라서 환자의 기이한 증상에 잘 접근할 수 있고, 치료를 촉진 시킬 수 있는 치료사의 태도는 고요하고 중립적이고 관찰적인 태도이다. 환자의 인격 즉 정체성은 그의 정신적 징후들 속에 자리하고 있어서 병을 '치료'(curing)하는 치료자는 환자 자신의 개별성(individuality)을 제거 하려는 위협으로 인식된다. 환자에게 '회복되고 있다'는 것은 공생적 유대관계로의 회귀를 통한 환자의 개별성 상실과 같아서 그럴수록 환자는 사람들이 사는 세계로부터 철수하게 되고 내적 충동에 의해 끊임없이 압박받게 된다.

환자는 대상에 의한 희생자가 아니라는 사실을 알아야 한다. 예를 들어 환자의 무감각 또는 부동성(immobility)은 환자의 무의식적이고 퇴행적인 목표를 향한 강렬하면서도 활동적인 노력을 드러내는 것으로 볼 수 있다. 따라서 환자는 치료사에 의해 에너지를 얻어야만 하는 수동적 존재가 아니라 끝없이 자유를 갈구하는 엄청난 에너지가 환자 안에 갇혀 있다.

또한 환자가 드러내는 망상적 사고는 개인적으로는 건설적인 사고과정을 의미하는 것으로 소중히 간직되어 온 것이다. 환자의 현실 인식의 필수적 핵심 부분이 망상 속에 모호한 모습으로 담겨 있는 것이다.

망상적 사고가 있는 환자를 대할 때 치료사는 환자의 망상적인 세계관을 거부하거나 또는 동의해서는 안 되고, 환자 스스로 자신의 망상적인 세계관이 자신에게 우울함과 절망감과 두려움의 감정 등을 느끼게 만든다는 사실을 알 수 있게 도와야 한다. '환자' 가 경험하는 것에 주의를 기울이면서 환자가 당연시 여기는 관점의 측면에서 치료사 자신의 의견을 넌지시 드러내야 한다. 환자가 두려움이든 분노든 어떤 감정을 표현 할 수 있을 때, 치료사는 장황한 말로 환자를 진정시키려고 재촉하기 보다는 단순히 그런 감정을 확인하고 보다 더 깊게 표현하도록 격려한다. 환자의 감정에 대해 어떤 언급도 하지 않는 것이 좋다. 치료사가 고통받는 환자를 구조해야 한다는 강박에서 자유로워지는 만큼, 환자는 고통으로부터 자유로워 질수 있고 환각이나 언어로 표현된 망상 등과 같은 징후들 속에서 의미심장한 결과에 주목할 수 있다.

침묵으로 일관하는 환자의 경우는, 환자 자신의 생각이 흘러가고 싶은 대로 내버려두거나, 잡지를 훑어보게 하고, 현재 관심있는 분야의 책을 읽을 수 있게 하고, 그것도 아니라면 환자 자신의 개인적인 편안함과 걱정에서의 해방을 아무 부담 없이 자유롭게 추구할 수 있도록 해야 한다. 이것은 말을 못하는 환자에게 주기적인 증기의 배출처럼 스트레스 분출구가 될 수 있기 때문이다. 억압으로 인해 마비된 환자에게 억압을 최소화하게 하고 환자의 불안을 덜어주어서 스스로 말을 하도록 돕는 결과를 가져올 수 있게 한다.

치료사가 무의식적으로 '도움을 주려는' 태도나 '구조하려'는 태도는 환자가 살고 있는 파편화 되고 탈분화된 세계와 그에 따른 감정들의 영향을 느끼지 않으려는 치료사 측에서의 방어일수 있다. 이는 환자의 정신분열증적 망상이 갖는 방어기능과 유사한 것이다. 환자들은 전이 왜곡을 통해 모호하기는 하지만 환자 자신과 '대상' 에 대한 핵심의 가장 기본적 사항을 드러낸다고 한다. 치료사가 관심을 가져야 하는 것은 이러한 핵심의 요소이지, 현실성이나 정상성이라는 추상적 개념이 아니다. 치료사가 자신의 이미지에 환자를 끼워 맞추거나 환자가 어떤 상태가 되어야만 한다는 치료사의 개념을 강요하는 걸 피하기 위해서는 치료사의 관심을 환자의 핵심요소에 두어야 한다. 이러한 자세를 견지하기 위해서는 환자 개인과 그의 발달에 대한 사랑과 존경을 핵심으로 하는 객관성과 중립성을 필요로 한다.[90)]

### (2) 양가적 공생 ambivalent symbiosis 단계

환자의 정신병적 증상 안에 갇혀 있는 강렬한 양가성이 감지되는 단계이다. 치료에서 이러한 양가성의 발견은 환자 스스로가 양가성을 경험 할 수 있고 말로 표현 할 수 있기 이전에, 환자의 언어적이고 비언어적인 의사소통에 대한 반응 속에서 치료사에게 일어나는 감정의 갑작스런 동요에 대한 인식을 통해서이다. 예를 들어 치료사는 환자를 대하는 자신의 감정이 예기치 못하게 부드러움에서 경멸로, 분노에서 슬픔 등으로 뒤바뀌는 것을 보게 된다. 치료사는 때때로 말로 표현할 수 없고 기억에 생소한 최근의 인식 외부에 존재하는 감정 상태들을 경험하게 되는데 이것은 환자 내부에서 작동중인 감정상태의 표본이라 할 수 있다.

만성 정신분열증 환자의 치료에서 나타나는 장기적인 침묵이나 불명료한 의사소통은 치료사와 환자 사이의 자아 경계선을 점진적으로 흐려지게 한다. 치료사와 환자는 공생적 전이 관계 안에 있게 되는데 이러한 퇴행은 치료사 안에 무기력, 분노, 혐오감, 부드러움, 슬픔 등이 불러 일으켜진다. 이는 환자가 경험했을 강렬하고 뿌리 깊은 양가적 감정들이다. 환자에 대한 치료자의 적대감, 분노, 증오는 못 견딜 정도로 괴로운 죄책감을 치료사에게 유발 시킨다. 또한 이 단계에 있을 때 치료사는 자신의 삶 속에서 환자와의 유대관계가 온 마음을 빼앗고 그 무엇과 비교할 수 없을 만큼 중요성을 갖게 되는 상황에 놓인다. 최고조에 이르게 되면 치료사는 자신의 온전한 심리적 존재를 뒤흔드는 위협으로 경험한다. 치료사는 자신이 사람들에게 지니고 있는 지향성이 본질적으로는 악의적인 것이라는 사실이 세상에 드러날까 봐 두려워 불안감을 느끼며, 환자를 괴롭히는 질병과 치료사 자신이 동등하다고 느낀다. 이것은 치료사로 하여금 환자를 향한 나쁜 엄마(Bad mother)로서 환자의 최대한도의 전이의 강렬함을 경험하고 있는 것이다.

환자 스스로의 자아경계가 너무 불명확해서 환자가 말할 때 자신의 생각을 이야기 하고 있는 것인지 혹은 치료사가 생각하고 있지만 표현하지 않는 다고 추측하는 것을 말하고 있는지 알기가 불가능할지도 모른다. 치료사 또한 환자와 같은 상황에 처할 수 있다. 치료사는 종종 분노나 슬픔 등의 지배적인 감정이 환자로부터 유발된 것인지 치료사 자신의 내부로부터 오는 것인지 분간하기 힘들 수 있다. 환자와 치료사 사이의 자아 경계의 붕괴는 보다 일반적인 탈분화와 환자와 치료사 사이에 공생적 유대관계가 발달할 때 둘 모두에게 일어나는 자아기능 분열의 중요한 측면이다. 따라서 치료사는 일시적으로 환상과 현실을 정확히 분리시키는 능력을 잃을 수 있다. 이 단계에서 치료사 내부의 잔인한 감정들은 환자에게 투사되는 경향이 있다. 환자의 두드러진 공격성은 치료사의 투사를 용이하게 한다. 이때 생기는 감정들은 치료사 안에 남아 있는 유아기적 전능함의 결과로 생기는 것들로서 좌절에 대한 유아의 모든 잔인함이 발생한다. 자신의 치료 노력이 실패했다는 좌절감, 환자와의 공생적 유대관계에서 생긴 자기 정체성에의 위협, 막다른 궁지에 몰리게 되었다는 감정 등이다. 치료사가 환자를 향한 자신의 잔인함을 깨닫는 것과 환자가 자신의 잔인함을 느끼지 못하는 대신 치료사에 대한 강렬한 두려움을 경험하고 있다는 것을 아는 것은 치료사에게 감당하기 어려운 문제일 수 있다. 겁을 주기 보다는 겁을 먹었다고 느끼는 것이 치료사의 초자아가 훨씬 더 수용할 만하고, 환자가 죽을 만큼 누군가를 두려워한다는 깨달음은 누군가의 분노를 통제한다는 스스로의 감정을 약화시킨다.

환자가 자신의 적개심을 치료사에게 드러낼 때 치료사는 이를 견뎌낼 수 있어야 한다. 그것이 가능할 때 치료는 양가적 공생 단계를 벗어나 다음 단계로 이어질 수 있다. 환자가 어린 시절에 경험했던, 그래서 정신분열증 속으로 도망칠 수밖에 없게 만들었던 강력한 공격을 받고도 살아남은 치료사를 환자가 자신과 동일시할 수 있을 때 환자는 온전한 사람이 될 수 있는 것이다. 따라서 치료사는 환자의 공격성으로부터 살아남아야 한다. 또한 치료사가 환자에게 느끼는 가장 강렬한 수준의 증오와 비난, 경멸을 치료사 스스로 점차 겉으로 표현하고 있는 자신의 모습을 발견하게 된다. 이것은 환자에게 상징적으로 부모의 공격성을 자신이 극복했다는 것을 의미한다. 따라서 환자와 치료사는 각자가 상대방의 그리고 자신의 가장 강렬한 증오의 노출에서 살아남을 수 있다는 반복적인 발견에서 기인한 깊은 안심은 치료의 다음 단계를 위한 토대가 정립되었다는 것을 의미한다.[91)]

### (3) 완전한 또는 전(前) 양가적 공생 full, or preambivalent, symbiosis 단계

이 단계는 전 단계인 양가적 공생 단계와 다음 단계인 공생의 해결 단계를 끊임없이 오가며 등장한다. 이 단계는 치료사에게 조차 놀라움으로 경험되는데 환자와 별 말 없이 보내는 시간들이 더 이상 자신에게 갈등과 고뇌의 원천이 아니라 대체로 만족감의 원천이 된다. 치료사는 환자의 어린 시절에 환자에게 중요성을 갖던 좋은 엄마(good mother)의 감정들뿐만 아니라 좋은 엄마로서 환자를 향한 치료사 자신의 유아적인 의존 감정 모두를 갈등 없이 받아들이게 된다. 정신분열증 환자의 심리치료는 보통 치료사가 어린 시절 경험했던 자신의 감정들을 자연스럽게 포함하게 되는데, 치료사는 환자에게 전능한 엄마의 역할을 담당시키면서 강력하게 반응한다. 그것은 환자가 엄마와 갖던 장기간의 공생적 유대관계의 후기 경험이 환자에게 강력하게 모성적 특징들을 키웠기 때문이고, 충분히 분화되지 못한 환자의 자아 상태가 환자 스스로의 만족을 위해 치료사에게 무한한 잠재력의 인상을 주기 때문이다.

인간의 자존감의 핵심은 엄마와 같은 존재와의 심리적인 일체감(wholeness)을 형성하기 위해 필요한 건강한 유아기의 경험에 기인한다. 인간 모두의 존재이유의 핵심이 발견될 수 있는 곳은 바로 이 지점이다. 건강한 아이의 자존감은 아이가 유아기였을 때 엄마가 그녀 자신을 완성시키기 위해 아이를 필요로 했던 것처럼,

엄마의 개인적인 통합 즉 성숙해 가는 과정에서도 아이가 매우 도움이 된다는 사실을 알게 되는 경험에 의해 강화된다.

치료사와 환자의 정신이 어린아이 같이 쾌활한 것은 이 단계의 두드러진 특징이다. 공생적 전이가 형성되었던 양가적 단계가 성공적으로 옮겨졌고 전 양가적인 사랑의 층이 획득되었기 때문이다. 치료사와 환자 사이의 경계의 결여는 더 이상 위협적인 탈분화로 경험되지 않고 오히려 양측 모두에게 즐거움이 가미된 심리학적 경험의 다양한 영역에서 즐겁게 뛰놀기 위한 자유로운 기회를 제공하는 것으로 경험된다. 정신분열증 환자들이 보이는 정신착란 그 자체는 어느 정도 상호간의 신뢰가 형성된 분위기에서는 무척이나 즐거운 것일 수 있다.

'좋은 엄마와 함께 한 행복한 유아기의 경험'단계로 표현될 수 있다. 이 단계에서 환자에 대한 치료사의 사랑은 무한하고 위협적이지 않다. 환자가 느끼는 사랑의 성적 요소는 더 이상 지배적인 것이 아니며 무한하며 근본적으로 모성애적인 환자에 대한 보살핌 속에 숨겨진 것으로 경험한다. 나쁜 감정들은 점차 죄책감에서 자유로워지고 적극적으로 즐길 수 있으며, 사랑과 미움은 하나라는 사실을 깨닫게 되고 강렬하고 명백한 유대관계는 사랑이라는 사실을 알게 된다.

치료사는 환자를 '치료'함으로써 환자를 자신의 의지에 굴복시킬 수 없다는 자신의 무능력에 대한 깨달음과 깊은 수용성을 갖게 된다. 이 단계에서는 아이가 엄마의 성숙을 도와주듯, 치료사는 환자와의 상호작용에서 치료사 자신의 인격이 성숙됨을 깨닫게 된다. 즉 치료사 자신의 인격통합에 필요한 부분에 대해 환자로부터 도움을 받는 걸 부끄러워하면 안 된다.[92)]

#### (4) 공생의 해결 resolution of the symbiosis 단계

공생관계의 근본적인 기능은 그 자체로 강렬한 퇴행적 만족감이 있지만 결국 상호적이다. 환자에게 뿐만 아니라 치료사에게도 새롭고 더 건강한 개별성(individuality)의 발달에 대한 기본 토대를 제공하지만 치료가 진행됨에 따라 치료사와 환자는 치료 상의 공생관계가 막연히 지속되는 것을 참지 못한다. 이것은 치료사와 환자 각각의 개인적인 필요의 복잡함 때문이다. 따라서 치료의 방향은 공생을 해결하는 쪽으로 변해간다. 공생의 해결 과정은 치료사와 환자가 공생관계의 파트너보다는 개인적이 되고 개인으로서 기능하는 과정이다. 이 단계에서 치료사의 전형적인 감정 중 하나는 조용하고 주관적으로, 설명할 수는 없지만 환자와 분리된 느낌, 즉 환자는 '저기에'있는 사람임을 인식한다. 또 환자 내부에서도 '저기에' 있는 정신분열증으로 고통 받는 사람으로서 자신이 치료사의 외부에 존재한다는 감정을 인식한다.

또한 치료사는 갑작스러운 격노(outrage)의 감정을 경험하기도 한다. 환자의 만성적이고 퇴행적인 증상에 격분하고, 환자가 수개월 또는 수년에 걸쳐 치료사에게 부과하는 요구가 비합리적임에 격분한다. 치료사는 오랜 시간에 걸쳐 열정적으로 했던 환자에 대한 헌신을 그만 둘 결심을 하게 되고, 환자의 당연한 요구라고 생각했던 요구를 만족시키기 위한 것이 잘못된 헌신임을 알게 된다. 이전에는 환자의 공격성에 대해 치료사가 고도의 인내심을 갖고 있었고 방어기제들의 사용을 통해 환자가 무의식적으로 환자 자신을 보호하려고 했던 불안, 아픔, 외로움 등에 대해 알고 공감하고자 헌신적인 노력을 기울였다. 그러나 이제는 환자의 방어기제가 완전히 상호적인 공격성임을 알고 있다. 예를 들어 편집증적 정신분열증 환자의 조롱과 빈정거림을 억압 하에서 아픔과 좌절의 감정을 환자 나름대로 통제하기 위한 방법으로 이해했던 반면, 이 단계에서는 그것이 치료사와 다른 사람에게 얼마나 불쾌감을 주는지 이해하기 시작한다. 다시 말해 환자의 징후에 대한 책임의 상당 부분이 환자 본인에게 있다고 생각한다. 따라서 환자가 자신의 여생을 정신병원에서 보내길 원하는지, 또는 건강하게 회복되길 원하는 건지에 대한 선택을 환자에게 맡기게 된다.

이 단계에서 치료사가 환자의 징후의 책임이 환자에게 있다고 생각하고 선택을 환자에게 맡기는 것이 말에 그치는 것이 아니라, 마음 깊은 곳에서 나오는 진실한 감정지향성(feeling orientation)을 환자에게 표현하는 것이다. 이때 치료사는 그러한 말이 환자에게 얼마나 매정하게 들릴지 신경 쓰지 않을뿐더러, 심지어 자살하거나 치료 불가능한 정신분열을 일으킬지에 대해서도 신경 쓰지 않는다. 이것은 무슨 일이 있더라고 자신의 개별화를 분명히 드러내는 일을 치료사와 환자 각자의 손에 맡기면서, 양측이 모두 무너져버릴 수 있다는 파괴의 위협에 용감히 맞서는 것이다.

치료사의 입장에서 이런 새로운 태도의 일부는 지금까지 공생 단계에서 획득된 환자의 감정을 치료사가 대신 표현해 주던 것과는 달리 환자가 '스스로 알아서 하도록' 놔두기 위한 준비이다. 이 과정에서 치료사는 환자에 대한 자신만의 생각과 감정들을 표현할 수 있는 새로운 자유를 느낀다. 치료사는 자신이 더 이상 환자에게 없어서는 안 되는 존재가 아니라는 사실을 분명히 깨닫는다. 즉 자신이 환자가 완전히 건강을 회복할 수 있게 도울 수 있다고 상상할 수 있는 유일한 치료사가 아니라는 것을 깨닫는 것이다. 여러 사람들이 환자의 필요를 충족시키기 위해서 중요한 방식으로 도움을 주고 있다는 치료사의 깨달음은 용기를 주기도 하지만, 한편으로는 수축(deflation)과 손실이라는 감정적인 요소를 갖게 한다.[93)]

환자가 자신을 한명의 개체로 확실하게 정립시키기 위해서는, 치료사가 치료에 기여 할 수 있다 하더라도 전체적인 의미에서 치료할 수 없다는 그래서 환자를 치료할 책임이 있다고 생각할 필요가 없다는 사실을 반드시 인정해야만 한다. 그래야만 환자는 다른 사람들로부터 분리된 개인이 되어갈 수 있다. 또한 죄책감 없이 회복의 과정 즉 건강한 한 명의 개체가 되는 과정을 계속 할 수 있다. 이것은 유아기의 전능함의 포기 즉 전이의 과정에서 엄마-유아 공생 관계 포기의 일부가 환자에게 가져온 결과물 중 하나이다.

치료사는 환자와의 앞으로의 치료 과정에서 환자가 지속적인 성숙, 즉 지속적인 개인적 통합 및 분화를 성취할 수 있도록 노력해야만 한다는 사실을 반드시 인정해야만 한다. 정신분열증 환자에 대한 공생적 치료 단계의 성공적인 해결이 가능하려면, 치료사와 환자가 각자 자신과 자신의 파트너의 힘에 대한 환멸(disillusionment), 즉 전능한 수준에서 현실적인 비율로 줄어든 환멸을 통합해야만 한다.[94] 이 단계에서 환자는 자신이 겪은 개별화(individuation)라는 큰 변화를 인식하는 것으로부터 도망치는 경향이 있으며 치료에 저항으로 작용한다. Erich Fromm(1941)의 표현을 빌리자면, 개별화라는 '자유로부터 도피'하는 경향이 있다. 환자는 새로운 치료사와 공생적 유대관계를 맺으려 하거나 특히 가족 구성원들은 환자의 개별화가 충분히 정립되었다고 느낄 때 환자를 병원에서 퇴원시키려 하는 것이 일반적이다.[95]

### (5) 후기 the late 단계

이 단계는 치료의 공생 단계에서 치료의 완성에까지 걸쳐 있는 매우 긴 단계이다. 왜냐하면 오로지 공생적 형태의 유대관계가 해결된 환자만이 진정한 대상-유대관계를 가질 수 있으며, 신경증 환자들이 분석에서 다룰 수 있는 문제들을 극복할 수 있기 때문이다. 공생적 형태의 유대관계가 해결되었기 때문에 동일시(identifications)는 환자의 자아 안에서 더 잘 분화되고, 치료사를 포함해 현재의 삶으로 전환된 부분적인 동일시를 형성하거나 거절

할 수 있는 능력을 보인다. 환자는 치료기간 뿐만 아니라 일상생활 속에서도 점점 더 건강한 아이나 청소년의 태도를 분명히 보여준다. 정신분열증을 발생시키는 인격-왜곡(personality-warp)의 심각함과 발병 때문에 거의 알지 못했던 자신의 생물학적 아동기와 청소년기의 정상적인 발달 단계들을 뒤늦게 분명히 보여준다. 아동기 시절 부모나 다른 사람들과 함께한 긍정적인 경험들을 기억하고 그들과 동일시 할 수 있게 된다.[96)]

환자가 치료 과정에서 획득한 추가적인 자아의 힘은 이전에 경험할 수 없었던 강렬함의 깊이를 경험하게 한다. 환자는 초기 단계에서 억압될 수밖에 없었고 정신분열증의 발생에 방어적일 수밖에 없었던 감정들을 경험하고 통합하게 된다. 예를 들어 15세에 정신분열증을 앓았고 이후 19년을 정신병원에서 보낸 환자가 10년의 집중적인 심리치료를 한 끝에 환자 본래의 망상의 재료들이 점진적으로 치료사와 환자 둘 다 에게 이해될 수 있는 방법으로 표면화 되어, 자신의 질병에 대한 부차적인 노력이 충분히 해결되는 상황에 도달했다.

환자가 정신분열증에 걸리기 전 자신에 대해 갖고 있던 자신이 어떤 사람인지에 대한 개념은 오랫동안 의식적인 자아에게는 받아들여질 수 없었다. 그러나 이제는 정신병을 앓는 과정에서 표현된 감정들 및 태도들과 결합시키면서 결국 정체성의 지속감이 확립된다.[97)]

# Ⅲ. 방법론

P와의 심리치료는 총 122회기가 진행되었다. 대부분의 회기는 녹음했다가 축약의 형태로 작성되었으나 분석에 포함된 회기들은 축약에 근거하여 축어록의 형태로 구성하였다. P는 현재 정신분열증 환자들에게 행해지고 있는 치료, 재활적 접근을 경험한 환자로써, 정신분석적 심리치료가 정신분열증 환자에게 미치는 영향과 변화를 살펴보기 위해 CCRT와 SWAP-200 그리고 연구문제에서 제기되었던 주제를 중심으로 살펴 볼 것이다.

CCRT[98](핵심갈등 관계 테마)와 SWAP-200[99](쉐들러-웨스턴 평가절차)을 통한 접근은 P가 주로 어떤 갈등유형에 있는지 그리고 심리치료가 P의 인격에 어떤 변화를 가져오는지 살펴보기 위함이었다. 치료초반과 후반에 걸쳐 10개의 회기들이 선택되었고, 두 방법이 유용할지 본 논문의 연구자는 예비 연구를 하였고 수퍼바이져(supervisor)와 이를 검토해 보았다.

연구문제에서 제기 되었던 4가지 주제적 접근에서는 내러티브에서 나누어진 분석 초반, 중반, 후반에서 각각 5회기(10, 16, 20, 24, 30회), 7회기(42, 63, 64, 71, 79, 82, 102회), 5회기(104, 107, 110, 120, 122회)를 선택하였다. 그리고 연구하고자 하는 주제가 선택된 회기를 벗어나 다른 회기에서 두드러지게 나타나는 경우는 연구대상에 포함을 시켰다. 내러티브의 구성은, 초반은 치료사의 권유로 시작된 심리치료가 P의 자발적 참여로 치료의 구조화가 이루어지는 시점, 중반은 주거시설 생활까지 그리고 후반은 집으로 돌아간 후의 시점이다.

## 1. CCRT 와 SWAP-200

첫 번째, CCRT는 정신분석 심리치료 회기로부터 중심적인 관계 유형을 이끌어 내는 가장 오래되고 신뢰할만한 측정방식이다. 1976년 L. Luborsky는 회기 내에서 환자는 반복되는 이야기를 하고 그 안에는 세 가지 구성요소들이 있음을 알게 되었다. 환자가 다른 사람들로부터 원했던 것, 다른 사람들의 반응, 다른 사람의 반응에 환자는 어떻게 반응했는지를 포함하고 있었다. 환자의 이야기들로부터 CCRT를 추출하는 방법은 먼저 관계 에피소드로 불리는 이야기들을 찾고 그 안에서 3가지 구성요소를 찾는 것이다. CCRT는 치료사로 하여금 환자의 소통에 관한 즉 각 관계 에피소드에 걸쳐 공통점을 가지는 소망들과 반응들의 유형에 주목할 수 있게 함으로써 치료사가 신속하고 정확하게 전이를 공식화할 수 있고 이것은 해석을 위한 중심점을 제시한다.[100]

전이에 대한 프로이트의 개념은 시간의 흐름에 따라 조금씩 변화하였다. 프로이트는 자신의 임상경험에서 22개의 전이를 관찰할 수 있었는데 처음 전이의 개념이 소개된 것은 1905년 도라의 사례이다. 이때 사용된 전이의 용어는 초기 부모와의 관계에서 유래된 태도와 행동이 치료사와의 관계에서 어떻게 일어나는가와 같은 전이에 의해 직접적으로 일어나는 것에 집중되어 있었다. 1912년 논문에서 프로이트는 광범위하게 전이원형의 특성들을 관찰하였는데, 전이원형은 부차적인 관계를 결정하는 하나의 틀이며 원형으로 작용하는 중요 관계 패턴이라고 하였다. 프로이트는 오랫동안 전이 개념에 내재되어 있던 수수께끼를 풀고 싶어 했으며, 전이를 임상에서 어떻게 적용할 수 있는지 노력했던 것으로 보인다.

프로이트의 22개의 전이유형과 이에 상응하는 CCRT의 자료를 비교해 보면 17개가 서로 상응하는 것으로 나왔다. 따라서 둘은 상당히 유사하다고 볼 수 있다. CCRT는 환자가 다른 사람들과 상호작용하는 관계에 있으면서 환자가 말한 모든 사람들과 특징적인 방식으로 소망과 반응들을 반복한다고 본다. 따라서 완전한 관계 에피소드는 상호작용의 이야기를 포함하는 경향이 있고, 그 상호작용에서 환자는 언쟁 혹은 발생했던 사건들, 소망들, 다른 이들과 자아로부터의 반응들 그리고 사건의 결과를 포함한다. 이것은 환자가 결합하는 능력이 있을 때 가능한 것이다.

그러나 임상에서 환자들은 상호작용이 아니라 환자와 다른 이들에 의해 소외되고 단절되는 행위를 묘사하는 많은 종류의 진술을 한다. 특히 클라인의 편집-분열적 자리에 있는 사람이나 정신분열증 환자들은 자신의 소망들과 행동 그리고 다른 이들의 소망들과 행동 사이의 연결이 힘들 것이다. 왜냐하면 이들은 개인 상호간의 경계들이 분화되지 않았고 외부 대상들에 대한 존재와 역할이 회피되고 거부되기 때문이다. 이들의 상호작용은 연속적 사건의 일환이 되지 못하고 반응들 또한 다른 이들의 행동이나 정신 상태만을 표현하기도 한다. 즉 구조적 갈등에 근거한 결합된 연속적 사건에 대한 모형이 불완전하다. 따라서 우울적 자리를 성취한 이후에만 개인은 안정적이고 정서적으로 의미 있는 대상과 상호작용이 가능하다. 이는 다시 말하면 임상에서 대상전이가 형성되는 오이디푸스 환자들에게서 CCRT 추출이 더 많이 나타날 것이다.

Kleinian 과 Mahlerian의 정신분석 이론들은 상호작용과 관계에 대한 능력이 주어지는 것이 아니라 발전적 성취, 분화(differentiation)의 증가하는 기능이라고 본다. 미첼(Mitchell) 또한 연결할 수 있는 능력은 발달적 성취로써 가능하다고 본다. 클라인(Klein)은 한 대상에 대하여 통합(사랑과 증오가 공생하는)이 가능한 우울적 자리에서 연결이 가능하다고 보고 있고, 말러(Mahler) 또한 연결의 능력은 분리-개별화의 과정을 통해서 나타나고 재접근의 단계에서 명확해 진다고 하였다. 초기 유아는 엄마와 일치에 대한 환상을 유지하다가 점차 자신이 분리되고 엄마와의 유대가 마술적이지 않은, 현실적인 그리고 제한된 수단을 통해서 유지되어야 한다는 것을 인식하게 된다. 이때 대상들은 독립적이고 가치 있는 것으로써 인식되는 것이다.

따라서 미첼은 CCRT 구성요소가 서로 관련성이 있는지 그렇지 않은지를 결정하는 새로운 추가적인 단계의 필요성을 느꼈고 환자의 능력에 대한 결정이 연결 혹은 상호작용을 형성하고 묘사하는지를 측정하는 CRT(관계주제의 통합)의 필요성을 주장했다. CRT에서 추가되는 연결에 대한 환자의 능력은 환자의 대상관계들의 분화수준과 관련이 있다. 미첼의 연구에서 보면 CCRT 구성요소의 30%만 연결(link)된 환자들이 전형적으로 관계에 대한 최소한의 능력으로 정신분열증 진단을 받았다.[103)]

P의 사례에서 CCRT는 거의 찾아보기 힘들었다. 치료 초기 입소시설에서 지낼 때 회원들과의 관계에서 CCRT가 발견되기는 하였으나 분석 자료로 쓰기에는 너무 적은 양이었다. 치료 후반부로 갈수록 P가 외부와의 접촉을 하지 않고 집에서만 지냈으므로 CCRT의 발견은 더 어려웠다. P는 상황에 대한 간단한 묘사만이 가능했고 대상과의 연결은 거의 일어나지 않았다. 물리적으로는 대상과의 관계 안에 있었지만 상호작용은 일어나지 않았고 외부세계에서 철수된 상태로 주로 자신의 망상 안에 머물렀다. 치료 중반쯤 이용시설에 대한 불평이 많이 줄어들면서 취업에 대한 의지를 가지고 자격증 공부를 시도해 보기는 하였으나 단지 시도에 그쳤고 시험에 떨어지자 이내 포기했고 다시 망상 안으로 철수했다. P가 외부대상과 맺는 관계의 패턴은 끊임없이 불평하고 고집을 부리다가 선택의 순간이 되면 대상의 의견에 따라가는 모습을 보이는 수동적인 자세였다.

두 번째, SWAP-200은 P가 심리치료를 통해 변화된 내용을 측정해 보기 위해서 선택되었다. 이 척도는 인격 장애 환자들을 위해 개발된 척도로서 성격기능을 평가하는데 이용되며, 치료사가 환자에 관해서 알고 있는 모든 것을 체계적으로 종합하고 설명하는 하나의 수단을 제공한다. 한 개인의 심리적 기능을 풍부한 세부사항으로 설명하게 하는 200개의 항목으로 구성되어 있고, 3가지의 성격점수[104] 개요를 산출한다. DSM-Ⅳ 성격장애 점수는 DSM-Ⅳ에서 전반적인 기능수준 기준과 유사한 성격 기능의 전반적인 척도로써의 역할을 한다. SWAP 성격 증후군 점수는 경험적으로 확인되는 성격증후군들의 대체되는 점수를 제공하고, DSM-Ⅳ의 진단적 체계의 한계를 다루고 더 충실하게 성격 유형들과 임상에서 관찰되는 증후군들을 포착하도록 계획되었다. 요인 T-점수는 SWAP-200항목 세트의 요인 분석을 거쳐 확인되는 12가지 성격요인들에 대한 점수를 제공함으로써, 심리적 기능에 대한 구체적 영역을 강조한다.[105]

인격평가는 한사람을 고유한 존재로 만들어 주며, 그 사람이 겪는 고통의 밑바탕을 이루는 자아와 타자 그리고 그 외의 것들에 대해 생각하고, 느끼고, 환상을 만들어 내고, 욕망하고, 두려워하고, 모방하고, 방어하고, 집착하고, 관련짓고, 경험하는 패턴을 이해하는 것을 의미한다. 이 접근법의 목표는 임상적으로 관련 있으면서 과학적으로도 충분한 타당성을 갖는 인격의 개념화와 평가의 수단을 제공한다. 200개의 항목은 임상사례의 기술을 위한 표준 어휘를 제공하며, 치료사는 해당 환자에 대해 0점(전혀 기술하지 못하거나 관련성이 없는 경우)에서 7점(가장 잘 기술하는 경우)에 이르기까지 8개의 범주로 나눔으로써 점수를 산출해 낸다.

이 표준어휘는 환자에 대한 종합적이고 깊이 있는 심리학적 기술을 체계적이고 정량화할 수 있는 형태로 제공한다.[106)]

SWAP-200평가는 보통 초반 10회기, 마지막 10회기의 데이터를 2명의 치료사(5년의 실무 경험을 가진)가 평가하고 통합한다. P의 사례를 SWAP-200으로 평가하기에는 어려움이 있었다. P가 성격장애가 아닌 정신분열증이라는 것을 차치하고라도 회기 적용에 있어 1~28회기는 주2회의 치료가 이루어졌고, 후반부로 갈수록 회기 진행은 일정치 않았기 때문이다. 인격의 변화는 구조적 변화이고 정신분열증 환자에게 있어 응집된 인격구조를 이야기하기는 힘들다. 그러나 초반과 후반부의 항목 간 점수차이는 P의 변화를 구체적 진술로 접할 수 있게 해 주었다. 가장 두드러진 변화는 전능환상, 폭력성, 편집증적 피해망상 상태가 사라진 반면 죄책감, 불안의 요소는 증가하였다.

## 2. 환상의 변화

P의 사례에서 두드러지게 보여 지는 것 중의 하나는 망상에 가까운 환상이다. 회기의 대부분이 환상적 내용으로 이루어져 있고, 환상의 양적 변화와 더불어 질적 변화를 보여준다. 기법 적으로 정신분열증 환자들이 보이는 망상에 가까운 환상을 어떻게 다룰 것인지는 분석가마다 약간의 차이점을 보이고 있다. 모던정신분석에서는 대상-지향적 질문을 통해 환자가 자신을 드러내는 것에

제한을 둠으로써 심각한 퇴행을 막아야 한다고 본다. 또한 서얼즈의 경우는 환자의 망상적 사고가 자신에게는 건설적인 사고과정을 의미하고 환자의 현실 인식의 필수적 핵심부분이 망상 속에 모호한 모습으로 담겨 있지만, 치료사는 환자의 망상적 세계관을 거부하거나 또는 동의해서는 안 된다고 말한다.

클라인과 아이작은 무의식적 환상의 중심 역할은 대상관계와 불안, 그리고 불안에 대항하는 방어의 형성이라고 보았다. 방어를 분석한다는 것은 단순히 하나의 기제를 다루는 것이 아니라, 환자가 무의식적으로 균형과 안정을 유지하기 위해 자신만의 독특한 방법을 가지고 있는 한 개인의 복잡한 성격조직을 다루고 있는 것이다. 환자의 방어들은 단지 고립된 방어들이 아니라 치료사에게 이해와 해석의 방향을 잡는 것을 도와주는 성격 조직의 한 측면이다. 환자의 성격조직을 이해하는 것은 좀 더 올바른 방식으로 환자의 이야기를 듣도록 해주고 환자의 병리에 좀 더 민감할 수 있도록 도와준다. 분석 상황에서 재연되는 방어와 무의식적 환상들을 환자와 분석가가 실질적으로 경험하지 않는 한, 환자의 방어적 성격 조직 내에 진정한 변화를 성취하는 것은 가능하지 않다. 정신분석에서 무의식적 환상의 중심역할과 외부적 실재와의 끊임없는 상호작용의 중요성을 인식 하는 것은 환자의 말 뿐 아니라 환자 그 자체를 더욱 깊게 들을 수 있도록 한다.[107]

로젠(Rosen, J)이나 웩슬러(Wexler, M)는 분석가가 환자의 환상을 직접 다루는 기법을 사용하고 있다. 린드너(Linder, R) 또한 P와 유사한 환상을 가지고 있는 환자와의 분석에서 이 기법을 따르고 있다. 린드너의 환자는 P보다 훨씬 더 현실적으로 기능하는 환자였고 분석 1년이 지났을 때는 그의 환상의 전체적인 역학을 이해할 수 있게 되었고 환상의 원천들을 그 근원까지 추적할 수 있었으나 자신의 질병을 포기하지 않았다. 따라서 이후의 분석에서는 그가 정신분열증 환자라는 인상을 주지 않으려고 했으며, 오히려 환자의 환상에 참여하는 기법을 활용하였다. 이것은 환자로 하여금 자신의 방어를 중단하게 하는 결과를 가져왔고, 환자는 분석가가 자신의 망상을 공유하고 있다는 것을 인식하게 되는 순간부터 자신의 질병에 대한 포기가 일어나기 시작했다. 그 시점부터 망상은 그에게 더 이상 예전의 흥분상태를 제공하지 못했다.

로젠은 치료사가 환자와 함께 같은 행동에 참여할 때, 즉 똑같은 언어로 똑같은 생각을 표현할 때 환자의 심상과 활동들은 화면(screen)에 있듯이 환자 앞에서 투사된다고 한다. 이때 환자는 자신이 관찰하는 것을 대면하고 중요한 위치를 차지하도록 강요받는 현실의 측면, 다시 말해서 자신의 행위로 내몰리고 하나의 태도를 채택하도록 강요받는다. 이러한 태도는 곧 치료적 도구로 변형되고 그 도구와 함께 분석가는 환자의 정신적 구조를 개조(refashion)한다고 본다.[108]

본 논문의 연구자가 환상을 대하는 방식은 2가지 방식이 혼용되었다. 회기 내에서 P와는 린드너의 방법에 머물려고 노력했으나 분석에서는 환상의 방어적 측면에 초점이 맞춰질 것이다. 즉 P

를 파국적 상황으로부터 정신구조를 지켜주는 방어기제의 역할로써 환상의 기능적 측면을 살펴볼 것이다. 더불어 P의 내적 대상세계와 불안의 원천도 함께 살펴 볼 것이다.

## 3. 접촉 기능

정신발달에서 '접촉'이라는 용어는 1945년 위니캇에 의해 소개되었고, "외부적인 혹은 공유된 실재와의 단순한 접촉이 유아에 의해 이루어져야만 했다"고 진술되었다. 그러나 이후 이 개념은 더 광범위한 개념으로 사용되었고, 위니캇(1949)과 건트립(1961)은 초기 어머니와 유아 사이의 행동적 상호 교환으로 묘사하였다. 접촉 기능을 통하여 기본적인 표현을 나타낼 수 있고, 이에 대한 반응을 표현할 수 있고 더 나아가 접촉 기능의 심화 발전에 대한 모형을 정립할 수도 있다. 어머니와 유아 사이의 최초의 관계는 유아의 욕구 표현과 "청하는" 행위로 시작되는데, 그것은 활동적인 적응에 대한 어머니의 반응을 유발한다.[109]

앞서 문헌연구에서 다루어진 것처럼 접촉 기능은 접촉하기와 접촉 유지하기의 2가지 형식으로 나타나는데 환자가 접촉을 하고 접촉을 유지하는 정도는 환자의 자기애의 정도와 대상과의 관련성에 대한 척도를 제공해 준다. 환자가 자기 몰입도가 높은 즉 자기애적일수록 회기 내에서 치료사를 향한 접촉의 빈도는 낮을 것이다. 이는 환자가 치료사를 분리된 대상으로 얼마만큼 인식할 수 있는 가와 관련된다. 따라서 접촉 기능은 회기 내에서 치료적 진전이나 퇴행을 평가하는 기준이 될 수 있다.

## 4. 주요 패턴과 행동화

정신분열증 환자는 종종 자신의 생각이나 감정을 언어로써 전달하지 못하고 원시적인 의사소통의 방식들을 사용한다. 독특한 상징이나 신체언어(body language), 혹은 의복을 통해 자신도 인식하지 못하는 의사소통을 한다. 신체를 통한 의사소통은 언어화에 대한 전(前)오이디푸스기 저항의 흔한 형태이다. 이는 자신의 충동, 감정, 생각, 기억 등을 언어와 연결시키는 필수적인 과정을 방어하기 때문에 저항으로 인식된다.[110)]

보스키(Boesky. D)는 행동화는 전이의 심리적 현실의 표현이며, 전이와 더불어 저항이 될 수 있고, 분석을 진전시키기 위해서는 필수불가결한 수단이라고 본다.

회기 안에서 이루어지는 과거 대상관계의 재연은 행동화를 포함하지만, 행동화가 해결되지 못할 경우 치료는 난관에 봉착하게 된다고 한다.[111)]

서얼즈(Searles. H)에 의하면 기능적으로 심각한 정신분열증 환자의 원초적이고 통제되지 않은 움직임들은 행위를 통해 의사소통의 유아기적인 체계를 재정립하고자 하는 시도로 간주된다. 재정립은 비언어적인 용어로 이해하고 대답할 또 다른 사람이 있을 것이라는 희망으로 마치 환자들이 유아 시절에 좌절을 가져오는 의사소통의 유형들을 완화시키고자 하는 것과 같다. 많은 정신분열증 환자들은 행동화를 포함한 비언어적 의사소통이 언어적 의사소통보다 우선하고 그것은 치료사에게 저항으로써 뿐만 아니라 의사소통의 일환으로 풍부하고 귀중한 자료를 제공한다.[112] 또한 웃음은 환자들이 자신의 복잡하고 분화되지 않은 감정들을 방출하기에 가장 적절한 표현이다.

본 논문에서는 P가 회기 중에 보여주었던 주요 패턴과 행동화 즉 정서적 질문에 대한 회피 그리고 화장실 가기, 커피를 마시러 가는 행동 등을 분석해 봄으로써 저항으로써의 의미와 의사소통의 기능적 측면을 살펴볼 것이다. 그리고 P가 주로 사용했던 신체언어인 웃음도 행동화에 포함시킬 것이다. P의 웃음은 유쾌함이나 즐거움의 표현 보다는 습관처럼 대화의 시작이나 어색한 순간에 웃음을 사용하고 있었다. 웃음은 회기 전반에 걸쳐 나오기 때문에 10번 이상 등장한 회기의 전체적 내용과 함께 살펴 볼 것이고, 화장실을 가는 행동과 커피를 마시러 가는 행동화는 그 원인을 알아보기 위해 행동화가 있기 전의 상황과 함께 살펴볼 것이다.

## 5. 전이와 역전이

전이는 환자의 갈등에 관한 발달을 관찰할 기회를 제공해 주며,

또한 치료사에게 역전이의 발달을 초래한다. 역전이는 환자의 전이에 대한 치료사의 무의식적 반응들, 태도와 행위들로 나타난다. 따라서 역전이에 대한 주의 깊은 고찰은 사고, 감정, 행위의 의미에 대한 실마리를 제공함으로써 환자의 무의식적 감정에 대한 이해를 가능하게 한다.[113] 그러나 역전이를 사용함에 있어 객관적 역전이[114]와 주관적 역전이[115]는 구분되어야 하고, 주관적 역전이는 치료사의 분석이나 자기-분석을 통해서 인식되고 숙달되어야 한다. 정신분열증 환자는 때로 자신과 전혀 관련이 없는 감정을 유발시키기 때문에 주관적 역전이를 분석하는 것은 어려운 일이다.[116] 따라서 본 사례에서 치료사에게 유발된 역전이 감정들은 교육 분석과 수퍼비젼을 통해 다루어졌다.

"자기애적 전이가 절정에 이르기까지는 대개 6개월에서 2년이 걸린다".[117] 자기애적 전이 초기단계는 크게 환자의 자기-몰두, 자아-동조적(Ego-syntonic) 대상, 자아의 대상화로 나눌 수 있다. 자기-몰두의 상태에서는 자신의 감정을 거의 인식하지 못하고 신체에 대한 감각(호흡, 시각, 청각 등)에 몰두하면서 불편함을 호소할 수 있다. 회기 내에서는 치료사가 존재하지 않는 것처럼 반응하기도 한다. 이것은 초기 대상이 존재하지 않는 삶의 단계를 연상시키며, 전이대상을 자신의 일부나 혹은 쌍둥이 이미지로 경험하는 것이다. 이 시기에서는 구강적, 항문적 요소들이 지배적으로 나타난다.

환자가 자기-몰두의 상태에서 벗어나게 되면 자아-동조적

(Ego-syntonic)대상을 원하고 필요로 한다. 이때 치료사는 환자와 분리된 대상이 되어서는 안 되며 몇 개의 대상-지향적 질문으로 접촉해야 한다. 이러한 과정을 거쳐 환자는 점차 자신의 감정과 구분이 불가능한 내사된 감정들을 구분하기 시작하는 "자아의 대상화"가 일어난다. 이때 환자는 투사적 동일시를 자연스럽게 사용한다. 이 과정에서 치료사의 자아는 환자의 자아와 비슷하기 때문에 "환자가 자신을 증오하고 사랑하듯이 분석가를 사랑하고 증오할 수 있도록" 도와야 한다. 즉 자신의 사랑과 증오를 언어화할 수 있도록 해야 한다.

자기애적 전이가 완전히 발달하게 되면 환자는 자가 성애적 감정에 몰두하게 되고 신체화 망상들은 강렬해진다. 환자는 자신의 신체가 마비, 해체 또는 심리와 분리된다고 느낄 수 있다. 어디를 가든 사람들의 시선이 자신을 향하고, 자신에 대해 수군대고, 비난한다고 느낄 수 있다. 때로는 자신이 우월하고 강한 사람이라고 느끼기도 하고 때로는 "최하"라고 느끼기도 한다. 이 시기에 불안, 긴장, 분노를 경험하게 되면 자신에게 무언가가 잘못되었다고 확신한다. 완전히 발달한 자기애적 전이에서는 환자가 삶의 초기 2년간 경험했던 감정들이 치료사에게 전이된다. 이후 환자는 자기애적 전이와 대상 전이 상태를 변화하는 시기를 거치게 되면 이때 환자는 강렬하고 대립하는 정서에 사로잡히게 된다.[118)]

P의 2년간의 심리치료에서 보여주었던 전이의 전개는 자기애적 전이가 완전하게 발달하기까지의 과정을 그대로 보여주고

있다. 그러나 2년이 되는 시점에서 전이는 저항으로 강하게 작용했고 회기는 중단되었다. 따라서 전이와 역전이의 전개 과정을 살펴봄으로써 P의 무의식적 갈등과 내적 대상세계를 포함해서 치료다. 그러나 2년이 되는 시점에서 전이는 저항으로 강하게 작용했고 회기는 중단되었다. 따라서 전이와 역전이의 전개 과정을 살펴봄으로써 P의 무의식적 갈등과 내적 대상세계를 포함해서 치료 중단의 원인을 분석해 볼 것이다.

## Ⅳ. 분석 결과

〈표 1〉은 선택된 회기들에서 나타난 환상의 내용, 접촉, 행동화를 정리한 것이다. 접촉은 P가 치료사에게 먼저 말을 걸어와서 그 주제가 끝날 때까지를 포함하며, 접촉하기와 접촉 유지하기를 비교하기 위해 대화가 오고간 횟수를 기재하였다.

표 1

| | 회기 | 환상의 내용 | 접촉 | 행동화 | | |
|---|---|---|---|---|---|---|
| | | | | 웃음 | 화장실 | 커피 |
| 분석초반 | 10 | 통화, 사진기능만 있는 반지 핸드폰 | 1회 | 2 | × | × |
| | 16 | 지구본, 커피포트기, 블랙홀 | 1회 | 13 | × | × |
| | 20 | 전철로 나가 아이디어를 직접 팔겠다 | 1회 | 7 | × | × |
| | 24 | 정수기 8억에 팔 계획, 우산 아이디어 | × | 10 | × | × |
| | 30 | 스마트 벽시계 | × | × | ○ | × |
| 분석중반 | 42 | 똥 먹는 꿈, 시나리오 | × | 2 | × | × |
| | 63 | 티머니 카드 잃어버리지 않게 손등에 이식하고 싶음. 붙였다 뗐다 할 수 있는 옷 | 3회 | 2 | × | × |
| | 64 | 어둠에너지, 블랙홀, 워프 | × | 7 | × | × |
| | 71 | 로또 잃어버림, 능력은 있지만 사용할 수 없는 꿈 | 9회 | 11 | ○ | ○ |
| | 79 | 어둠에너지 | 2회 | 6 | × | × |
| | 82 | 의자 아이디어 | 13회 | 3 | × | ○ |
| | 102 | 마찰력, 타임머신 | × | 10 | ○ | × |
| 분석후반 | 104 | 빛의 성분 찾을 수 없음. 무슨 일이 일어날 것 같음. 주위에 또래들이 보이지 않음. 하나님의 존재 | 19회 | 9 | ○ | × |
| | 107 | 뭔가 자꾸 걸리는 게 있음. 민방위 훈련 나오지 않음 악마의 자식이 되게 해달라는 어릴적 기도 0(영)의 존재 | × | 5 | × | × |
| | 110 | 몸이 붕 뜨고 영혼이 분리되는 느낌. 머리에 뭔가 들어오는 느낌. 심장에서 말하는 듯한 느낌 | 5회 | 4 | × | ○ |
| | 120 | 하나님이 지켜보고 있다는 생각 소리들과 장기를 둠 | 21회 | 1 | × | × |
| | 122 | 생각하고 있는 하나님 | 6회 | 1 | × | ○ |

## 1. 환상의 변화

P의 환상의 범주는 〈표 1〉에서 볼 수 있듯이, 특허와 관련된 아이디어, 우주적 개념, 하나님의 존재(0을 포함), 신체망상으로 나타나고 있다. 환상 변화의 요인으로는 크게 상담실 밖의 외부적 환경과 상담실 내의 환경(치료사의 질문, 침묵, 전이의 발달 등) 변화로 볼 수 있다.

### 분석 초반

분석 초반은 주로 아이디어에 관한 이야기들이 주를 이루었다. P가 처음 아이디어를 생각하게 된 것은 두 번째 병원 입원에서부터 시작 되었다. 첫 번째 퇴원(2개월 정도 입원이 이루어짐)후 자신의 안부를 묻는 친구들에게 정신병원에 다녀왔다고 말했고, 이후 친구들이 하나 둘씩 멀어지면서 P는 혼자가 되었다. 이 시기 P는 혼란스럽고 힘든 시기를 보냈다. 돈을 벌어 친구들에게 복수 해야겠다는 생각을 하기 시작했고, 이런저런 아르바이트를 했지만 오래 가지는 못했다. 한번의 공황장애와 자해가 있었고, P는 두 번째 입원을 하게 되었다. 어느 날 P는 아이디어로 특허를 내면 큰 돈을 벌수 있다는 TV 프로그램을 접하게 됐고 P의 아이디어 구상은 그때부터 시작되었다. 이때부터 P는 현실로부터 철수하여 아이디어 세계에 머물렀다.

아이디어 노트를 쓰기 시작하면서 P의 생활은 달라졌다. 사람들이 P에게 관심을 보이기 시작했고, 특히 환자들이 아닌 자원봉사자들이나 실습생들 혹은 간호사들은 P의 노트에 '기발하다' 거나 '발명왕'이라는 글들을 써주었다. 그럴수록 P는 노트에 더욱더 많은 것들을 적어 나갔다. 아이디어는 자신이 정신분열증 환자라는 것을 잊게 해주었고 다른 사람들과는 다르다는 우월감을 갖게 해주었다. 또한 자신이 혼자 남겨졌다는 현실로 부터 구해내는 탈출구의 역할을 했다. 더 이상 돈이 없어 가난한 사람이 아니었고 마음만 먹으면 세계 제일의 부자가 될 수 있게 해 주었다. 따라서 P는 아이디어의 세계에 머물길 원했고 그럴수록 현실로부터 철수하는 모습을 보였다. 기관에서 지낼 당시 P는 모든 것을 귀찮아했고, 많은 시간을 잠을 자면서 보냈다.

10회기 이전의 회기들에서는 하품을 하거나 밖에서 나는 소리들에 귀를 기울이기도 하고, 주로 치료사가 질문을 하고 P는 간단한 대답을 하였다. 10회기 때 P는 통화기능과 사진기능만 있는 반지핸드폰을 구상중이라고 하면서, 아이디어를 짤 때는 디자인성, 보편성, 보급률, 편리성이라는 4가지 요소를 따져가며 구상해야 한다고 했다. 또 특허를 내게 되면 어느 정도의 돈을 버는지에 대해서도 이야기 했다. 중요한 것은 자신의 아이디어 노트에 적지 않고 머릿속에 둔다고 하며, 알려주긴 하지만 너무 편하게 알려 주는 것은 안 된다고 했다. 2가지 기능만 있는 반지핸드폰은 P의 상황을 나타내는 듯 했다. 왜냐하면 P가 유일하게 자발적으로 하는 행동은 아이디어를 구상하는 것과 일주일에 한번 씩 로또를 사는 일이었기 때문이다. 그리고 중요한 것은 머릿속에 두고 쉽게 알려주지 않겠다는 말은 앞으로 전개될 치료 상황을 얘기 하고 있는 것 같았다. 또한 어릴 적 할머니와의 좋은 기억을 떠올렸는데, 할머니가 자주 해주셨던 밥과 과자를 사주었던 일 그리고 갖고 싶던 반지도 주었다고 했다. 할머니가 해주셨던 밥은 이후 P가 가장 좋아하는 음식이 되었다. 그러나 군대에 있을 때 할머니는 돌아가셨고, 휴가를 내주지 않아 나오지 못했다고 했다. 어린 시절 할머니는 P에게 유일하게 좋은 대상이었다. 이 회기에서 P는 자신의 전반적인 상황과 전개될 치료 상황 그리고 자신의 내적 대상세계를 내 비치고 있었다.

16회기에서는 자신이 올려놓은 입체 지구본을 보고 벤처 회사에서 스카웃 하고 싶다는 이메일이 왔다며 기분이 좋아 보였다. 메일을 받고도 답장을 하지 않는 P의 행동에 치료사는 답답했고 그 이유를 묻자, P는 이런저런 핑계를 대다가 다른 아이디어(커피포트기)에 관한 이야기를 했다. 치료사가 새로운 아이디어에 대해 기발하다고 하자 P는 웃었고, 잠깐의 침묵이 있은 후 블랙홀에 대해 얘기하기 시작했다. 이 회기에서 치료사가 P를 현실과 접촉하게 하려는 직접적인 질문들은 P의 자아에 위협으로 느껴졌고, 더 깊은 환상으로 도피하게 하는 결과를 가져왔다. 그러나 이 당시 치료사는 그걸 깨닫지 못했고, P가 얘기하는 아이디어들이나 블랙홀이 무엇을 상징하는지 찾으려고 애를 썼다.

P : pc방가서 인터넷 했는데 벤처 회사에서 또 이메일 왔더라구요

T : 뭐라고 왔어요?

P : 다른 곳인데 스카웃 하고 싶다고...

T : 아이디어 올렸나 봐요?

P : 아니요 예전거 보고.., 지구본 보고 생각이 기발하다고 (웃는다),

T : 어땠어요?

P : 근데 갈수가 없으니까, 그리고 트위터 에도 몇 개 올렸는데 외국인한테서 연락 오더라구요

(중략)

T : 벤처회사에서 메일온건 답장 보냈어요?

P : 아니요

T : 답 안 해줘요?

P : 거기는 너무 큰데 갔더라구요

(중략)

T : 그곳은 당장 채용하고 싶어 하는 거에요?

P : 스카웃 하는데 시간 좀 주죠

T : 그러면 시간을 좀 달라고 메일 보낼 수 있지 않아요?

P : 있는데요. 좀 귀찮아가지고... 어느 정도 규모인지도 못 봤고

(중략)

P : 아이디어 클럽에 올렸는데요. 커피포트기인데 컵을 좀 바꿔가지고 바로 끓일 수 있게 판6개 놓고 종이컵 정도 크기로 올려놓고 끓일 수 있게

(중략)

P : 요즘 블랙홀에 대해서 생각해요

T : 그걸 최근에 생각했어요?

P : 아니요 예전에... 블랙홀하고 태양하고 비슷한 게 있어요.

T : 어떤 건데요?

P : 중력이 있다는 게

T : 중력?

P : 예, 끌어당기는 힘. 지구가 1년에 1cm씩 인가 태양 쪽으로 가고 있다고, 근데 태양하고 가까워지려면 몇 천억 만 년 걸리니까... 태양은 중력 때문에 끌어당기는 힘이 있는데요, 그 반대로 열 때문에 미는 힘도 있죠

(중략)

T : 블랙홀은 어때요?

P : 끌어당기는 힘이 있고 제 생각에는 얼음 같은 가스로 되어있지 않을까? 태양도 가스 같은 걸로 되어있고

T : 그럼 블랙홀은 차가운 거에요?

P : 아직 차갑다고 말 할 수는 없죠. 증명된 게 없으니까요. 그래서 태양계하고 블랙홀계가 있어서 이 사이에 행성들 대기가 있을 거라고 생각을 하거든요

20회기에 P는 새로 오신 선생님들께 자신의 노트를 보여 주었는데 별로 관심을 갖지 않았다고 하면서 실망하는 듯 했다. 그러면서 공통점 찾기 이야기를 했고 안철수씨가 생각이 깊다며 자신과 동일시하는 모습을 보이면서 실망의 감정을 회피하고 있었다.

이 시기 입소시설 퇴소날짜가 다가오고 있었는데, 어머님은 주거 시설로 가기 원했지만 P는 집으로 가겠다고 고집을 부렸다. 집으로 돌아가게 되면 복용하고 있는 약을 끊겠다고 했으며, '아이디어 팝니다'라는 간판을 걸고 전철로 나가겠다고 했다. 사람들이 주로 마케팅 쪽을 물어 올 것 같고, 자신이 예전에 눈썰매장에서 아르바이트 했던 경험담을 중심으로 답을 할 수 있을 거라고 했다. 치료사는 P가 전철로 나갈까봐 걱정이 되었고 약을 계속 먹어야 한다는 개입을 하게 만들었다. 현실과 접촉하여 관계 안에 머물게 하려던 치료사의 질문들은 P를 행동화로 이끌고 있었다.

24회기에 P는 입소시설 퇴소로 인해 한껏 들떠 있었다. P는 집으로 돌아가지 않고 주거시설로 가기로 했다. 고집을 부리다가도 결정의 순간이 되면 P는 어머님과 주위의 권유를 따라갔고 이때도 어머님의 결정을 순응적으로 따랐다. 이러한 태도는 상대방에게는 동의하는 모습으로 비춰졌지만 P안에서는 동의로 인해 일어난 결정이 아니었다. 입소시설에서도 그러했고 이후 주거시설 생활에서도 그러한 결정을 내린 어머님을 원망하는 모습을 보였고, 시설의 생활에 적응하지 못한 채 끊임없이 불만을 토로했다. P의 자아는 결정의 순간에 경험하게 되는 압박감과 책임감을 견딜 수 없기 때문에 결정권을 상대방에게 떠넘기고 있었으며 아이디어로 도피하고 있었다. P는 살균 기능이 있는 정수기 아이디어를 8억에 팔 생각에 들떠 있었고 새로운 우산 아이디어를 구상하고 있었다. 다른 때와 달리 우산 아이디어는 치료사에게 알려주지 않았는데 그것은 너무 혁신적이어서 자신이 감당하기도 힘들다고 했다. 세계특허까지 생각하고 있고 전 세계 인구의 80% 정도가 바꿀 것이라고 예상하고 있었다. P는 환경이 바뀌게 되면서 느끼게 되는 걱정이나 긴장, 불안 등을 과대망상으로 방어하고 있는 것으로 보였다. 그리고 이후 회기에서, 우산아이디어의 획기적인 부분은 밤에 우산을 펼치면 전등이 켜지는 것으로 어두운 건널목을 건널 때 안전을 지켜주는 기능을 한다고 했다. P가 상징을 사용하고 있다면 바뀌는 환경이 자신의 안전을 위협하는 요소로 경험되고 있는 것으로 볼 수 있다.

주거시설로 간 후 P는 자유시간이 늘어났고 활동량도 증가했다. 29회기부터는 전철을 타고 치료사가 있는 치료센터로 나오기 시작했다. 30회기에서는 스마트 벽시계에 현재 자신의 모습을 찍어서 시간대별로 넣고 싶다고 했다. 과거의 사진을 묻는 치료사의 질문에 공황장애와 자해가 있었던 시기를 떠올렸고 군대에서의 생활을 들려주었다. P는 전역할 때 고참에게 인사를 하지 않고 나와서 그 후로 자신을 잡아갈지도 모른다는 생각을 했고, 특히 민방위훈련에서는 헌병들이 자신을 감시하고 있다는 생각에 사로잡혔다. 39회기가 되면서 P는 상담 시작이 6개월이 다 되었음을 치료사에게 알려왔고, 이후 6개월을 더 하겠다는 자발적 의지를 보여 주면서 치료의 구조화가 이루어졌다. 이전까지는 치료사의 6개월은 해보자는 설득으로 회기를 이어가고 있었다.

## 분석 중반

분석 중반에는 환상의 내용들이 더 다양하고 확장되며 망상에 가까운 수준으로 발전했다. 환상의 소재는 주변이나 TV, 인터넷 등에서 접한 내용들에서 취하고 있었다. 42회기에는 환상이 등장하지 않고 꿈이 등장하였는데, 기분 좋게 똥을 먹는 꿈이었고 중간에 짜증을 내는 느낌이 들어서 깼다고 했다. P의 꿈들은 주로 동물에 관련된 꿈이었고 그것은 늘 복권당첨이나 돈과 관련을 지어서 이야기를 하였었다. 이 회기에서는 어릴 적 늘 혼자서 밥을 먹고, 칭찬 받는 게 좋아서 친구를 챙겨 먹였던 기억을 회상했다. 그리고 엄마는 학교 다닐 때는 반찬을 해 놓지 않더니 요새는 반찬을 너무 많이 해서 상해서 먹지 못하게 하며, 어릴 적부터 아빠 입맛에 맞추느라고 음식을 너무 짜게 한다고 했다. P는 처음으로 꿈을 연상하고 있었고, 연상에서 엄마는 아예 주지 않거나 먹을 수 없는 것을 주고 있었다. 이 당시 P가 지내고 있는 주거시설에 시나리오를 쓰는 자원봉사자가 오고 있었는데, 늘 아빠에게만 맞추는 엄마에게 시나리오를 써서 복수하고 싶다고 했다.

63회기에는 평소 보다 화려한 치료사의 귀걸이를 보고, 귀걸이 까지 하고 어디를 가냐며 의외의 질문을 했다. 그리고 한 회원이 여성과 성관계한 이야기를 하는데 자신과는 상관도 없고 듣기가 싫었다고 했다. 연상의 흐름으로 보아 P는 치료사가 평소와는 다르게 치장하고 누군가를 만나러 가는 환상을 하고 있는 것으로 보여 졌고, 치료사에 대한 성적 욕구가 자극된 것으로 보였다. 이어서 P는 티머니 카드를 잃어버리지 않게 손등에 이식하고 싶다고 했으며, 겉옷과 치마를 똑딱이로 붙였다 뗐다 할 수 있는 옷을 생각하고 있다고 했다. 앞서 진행된 연상과 연관시켜 볼 때 잃어버리고 싶지 않은 티머니 카드는 자신의 남성성으로 보여 졌고, 옷의 아이디어는 성적행위를 묘사하는 듯 했다. 이 회기에서 P는 아이디어를 통해 상징적으로 자신의 성적 욕구를 드러내고 있는 것으로 볼 수 있다. 그리고 남들은 다 돈을 버는데 자신은 그러고 있지 않아서 죄책감이 든다고 했는데, P가 느끼는 죄책감은 다른 사람들은 다 하는 것(성관계)을 자신은 하지 못하고 있다는 것에 대해 자책하고 있다. 이것은 공격성이 자신을 향하는 자기처벌적인 기능의 일환으로 볼 수 있다. 또 한편은 자신의 욕구를 다른 회원에게 투사하여 듣기 싫고 나쁜 것으로 만들면서 죄책감을 느끼는 것으로 위험하고 나쁜 것을 경험하고 있는 것으로 보인다. 이는 자신이 다룰 수 없는 욕구를 투사를 통해 비워내고 있는 것으로 볼 수 있다.

64회기는 회기 시작과 함께 환상이 시작되었고, 이는 지난 회기의 영향으로 보였다. 자신에게 올라오는 강한 성적욕구로 인해 죄책감을 경험했고, 이는 P로 하여금 편집증적인 불안을 불러일으키는 요소로 작용했다. 따라서 환상으로 도피하고 있는데 여기서 눈여겨 볼 것은 이전에 보여줬던 환상의 내용과는 달리 어둠에너지, 블랙홀, 워프가 등장하고 있다. 성적욕구는 이전의 불안에 가중되어 P의 심리내적 상황을 더 불리한 상황으로 내 몰고 있는 것으로 보인다. 따라서 이를 방어하기 위해 P는 더 과대망상적인 환상을 사용하고 있다. 어둠에너지를 찾아서 빌게이츠에게 알려 주어야 한다고 했다.

T : 빌게이츠한테 팔려고 생각하는 거에요?
P : 파는 게 아니라 알려 주려구요. 뭔가 혜택을 주겠죠. 점심이라도 사든가...지금 빌게이츠가 어둠 에너지 찾고 있거든요. 그래서 천체 망원경도 만들고... 힌트는 블랙홀인데...마찰을 없애는 물질이 있어야 될 거 같거든요. 빛은 마찰에 의해서 볼 수 있는 거기 때문에 그 반대로 없애는 걸로 찾아보는 중이죠
T : 그거하고 블랙홀 하고 어떤 관계가 있어요?
P : 블랙홀도 이제 우주는 무중력인데 존재는 하잖아요. 그니까 우주에도 그 마찰에 반대되는 물질이 있지 않을까 생각을 하는 거죠. 마찰을 없애다 보면 거기에는 아무것도 남지가 않잖아요...그니까 빛조차도 갈수가 없는 거죠
(중략)
T : 근데 힌트를 블랙홀에서 찾는 이유가 어떤 거에요?
P : 우선 까만색이잖아요 (웃는다) 그니까 블랙홀이 빛처럼 된 입자들로 된 거거든요. 근데 빛은 색깔이 있는데 블랙홀은 까만 색 인거죠
(중략)
P : 워프에 대해서 적어 놓은 거 누가 답변을 했는데, 중력을 시공간으로 착각을 해서 올려 놨더라구요. 시공간을 뒤쪽

으로 둔다고 그렇게

T : 이해를 잘 못한 거에요?

P : 이해를 못한 게 아니구요 잘못 알고 있는 거죠. 중력을 주면 시공간이 변할 거라고 생각을 한거죠. 시공간은 어떻게 보면 똑같은 의미거든요. 근데 시간도 이게 공간에서의 움직임을 잘라 놓은 것이기 때문에 같은 의미로 쓰여도 상관은 없는 거죠... 타임머신 생각하다가 분석해 보니까 그렇더라구요.

71회기에는 잃어버린 로또와 꿈을 연결시켰다. 자신에게 능력이 있는데 그 능력이 발휘 되지 않는 꿈이었다. 그렇지만 능력을 쓸 수 있다는 것에 기분이 좋았던 꿈이었다. 그래서 로또를 샀는데 잃어버렸다고 애석해 했다. 그리고 누군가가 냉장고 코드를 뽑아놔서 커피를 만드는데 사용할 우유가 상해 있었다고 했다. P의 연상을 살펴보면 좋지 않음과 좋음 사이를 시소를 타듯 오가고 있는 것을 볼 수 있다. P는 어떤 상태도 경험할 수 없는 것으로 보여 진다. 잃어버린 로또와 능력이 발휘되지 않는 것은 좋지 않음의 상태인데 P는 좋지 않음의 감정을 경험하지 않기 위해 반동형성을 사용해 기분이 좋았다고 말하고 있다. 그러나 P는 그 상태에 머무르지 못하고 또다시 상한 우유의 연상으로 좋지 않음의 상태로 옮겨가고 있다. 이것은 그 다음 연상에서도 드러난다. '뷰티풀 마인드'라는 영화를 보았는데, 주인공이 정신분열증이 있는데도 현실적으로 가능한 이론을 만들었다는 게 재미있었다고 했다. 그리고 영화의 주인공과 자신을 동일시함으로써 정신분열증이라는 좋지 않음의 상태를 좋음의 상태로 만들지만, 이내 치료사에게 접촉해오면서 자신 몰래 공모전을 하고 있는 거 아니냐며 의심하는 모습을 보이면서 좋지 않음의 상태로 옮겨가고 있다. P는 좋지 않음과 좋음 사이를 끊임없이 오가며 심리내적 평형상태를 유지하려고 하지만 번번히 실패하고 있었다. 두 가지 요소는 P의 긴장을 증가시키고 있었고, 특히 좋음을 견디지 못하는 것은 P의 내적대상세계의 반영의 측면으로도 볼 수 있다. P는 좋은 내적 대상의 부재로 인해 좋음의 경험을 거의 가지고 있지 않았다. 어머니와의 초기 대상관계는 자신에게 주지 않거나 너무 많이 주고 혹은 먹지 못하는 것을 주는 것으로 그려졌고, 아버지는 늘 자신이 돌보아야 할 대상 이었다. 유일하게 좋은 대상으로 할머니가 있지만 그 대상마저 P는 갑작스럽게 잃었다. 따라서 P에게 좋은 대상과 좋음의 경험은 아예 부재하거나 미미한 정도일 것이다.

79회기는 회기 시작과 더불어 어둠에너지를 만들 수 있을 것 같다고 했다. 그리고 주거시설에서 한 회원 때문에 못 있겠다고 했으며, 어릴 적 할머니가 잘해 주셨던 음식으로 노점상을 하고 싶다고 하기도 했다. 82회기는 아이디어 클럽에 올려놓은 의자 아이디어에 대해 이야기 했다. 이 회기는 연말에 이루어졌고, 아이디어 보다는 현실적인 내용에 많이 머물렀던 회기였다. 102회기는 맥주를 마셔서 기분 좋은 일이 일어날 것 같다고 하다가 이내 그런 느낌이 없어지면서 뭔가 감지한 느낌이 든다고 했다. 그러면서 뽑기 기계에서 바다가재를 뽑았던 기억을 회상했다. 삶기는 했는데 어떻게 먹는지도 몰랐고, 삶으려고 할 때 불쌍하기도 하면서 죄책감이 들었다고 한다. 그리고 마찰력과 타임머신에 관한 이야기가 이어졌다. 죄책감은 P로 하여금 좋은 감정에 머물 수 없게 하는 요소로 늘 작용하고 있었다.

## 분석 후반

분석 후반은 집에 돌아가서 생활 하던 시기로, P의 관심은 종교적 존재와 자신의 신체에 집중되어 있었고 신체망상에 주로 머물러 있었다. 집으로 돌아간 후 처음 가졌던 104회기에서 P는 빛을 도저히 찾을 수 없다고 했다. 어디론가 가고 싶은데 뭘 해야 할지 모르겠고, 나라에 무슨 일이 일어났는지 자신의 또래 같은 사람들이 보이지 않는다고 했다. 자신에게 이상한 일이 많이 일어나고 있는데 물건이 보였다가 안보이기도 하고 종교적인 뭔가를 알려주는 것 같은 느낌도 든다고 했다. 인터넷에 기독교는 사이비라고 글을 올렸는데 그걸로 인해 하나님이 자신을 심판하고 있다고 느끼고 있었다. 그러다가 어릴 적부터 천사 같다는 말을 많이 들었다고 했다. P는 처벌에 대한 두려움을 천사와 동일시하면서 방어하는 모습을 보이고 있었다.

107회기 진행 무렵이 되면서 P는 음식을 잘 먹지 않았다. 그동안 P는 먹는 것에 집착했고 시설에서 지낼 때는 늘 먹을 것이 부족하다고 불평을 했었다. P는 체중이 많이 줄었고 어지럽다고 했다. 입원과 퇴원을 반복하던 시기에 P는 주로 봄에 병원에 입원했었는데, 이것은 민방위 훈련과 관련이 있었고 P에게 죄책감을 불러일으키는 요인으로 작용했다. 그러나 그 죄책감 밑에는 모든 것을 자신 탓으로 돌리는 자기처벌적인 모습을 볼 수 있다. 결국 P는 이 불안을 견딜 수 없어 처벌기능이 없는 0(영님)의 존재를 만들어 냄으로써 자신의 불안을 방어하고 있었다. 그러나 이것은 자신이 이단이 되는 것으로 더욱더 처벌적인 자리에 놓이게 하는 결과를 가져오고 있었다.

P: 아픈 건 아닌데 그냥 뭔가 자꾸 걸리는 게 있는 거 같애요
T: 어떤 게 걸려요?
P: 훈련이 안 나왔다는 거
(중략)
P: 작년에는 받았는데 올해는 안나와가지고 어떻게 하는지 모르는데
T: 작년에 언제 받았어요?
P: 작년에 3월 달엔가 그때 받았죠
T: 그게 자꾸 마음에 걸리는 거에요?
P: 그냥 딴 쪽으로 생각이 빠져갖고 정신적으로 그냥 좀 힘들고... 그냥 주변 봐도 제 또래도 안 보이는 거 같고 뭔가 잘못된 게 아닌가
T: 어떤 게 잘못된 거 같애요?
P: 글쎄요... 훈련받은 것도 한번도 그 확인을 안 해가지고 낸 적도 없고... 내라고 했는데 안냈었죠... 그 영수증 같은 걸 그걸 내야 되는데... 근데 한번도 이런 적은 없었는데

(중략)

P: 아니요. 그것 때문이 아니고 뭔가 잘못한 게 있는 것 같애갖고

T: 누구한테요?

P: 누구한테는 아니고 그냥 그런 거 같애요... 동원 못가서 그런 거 같애요... 죄책감은 드는데 자꾸 회피하게 되고 그래가지고 더 힘들고... 그리고 집도 가난하고... 가난한 건 옛날에 기도 때문에 그런 거 같애요. 놀이터에서 엄마, 아빠 부자 되게 해달라고 나는 가난해도 괜찮다고 했는데 진짜 그렇게 돼 버린 거 같애요

P: 4학년 때... 그때는 인제 악마가 돈을 많이 버는 줄 알고 악마의 자식으로 있게 해달라고

T: 악마의 자식이 되고 싶었어요?

P: 아니요. 돈 많은 사람요 그래서 이제 취소를 해달라고 했죠... 거기에다가 사람들은 천국 보내주고 나는 지옥에 간다고 그러기도 하고... 그렇게 하면 천국 가는 줄 알고... 그렇게 하면 자기희생이 되는 줄 알고, (웃는다)...

(중략)

P: 전 지금 그거 믿고 있거든요 하나님을 만든 무한의 존재

T: 그것도 신이에요?

P: 신은 아니고 뭐랄까... 육체도 영혼도 아닌 선과 악의 구분이 없는 그런 존재... 하나님이 한분밖에 안 계신 분이니까 그 하나이기 전에 0이 존재 한다 그런거.... 그 0의 존재는 무한으로 나눌 수도 있고 무한으로 더할 수도 있고 무한으로 뺄 수도 있고 그런 거죠

(중략)

P: ... 하나님의 존재를 생각하면 머리가 아플 때가 많거든요...

T: 0님은 생각하면 어때요?

P: 편해지는 데요 그게 이제 하나님을 생각하다가 0을 생각하게 돼요 그러면은 하나님께서 머리 아프게 하는 게 아닌가 벌주고 있는 게 아닌가

T: 0님을 생각해서 그런 거에요?

P: 아니요 따지면 하나님은 제일 위에 계시잖아요. 그런데 그 위에 또 뭔가를 하면은 이단이 되는 거 아니에요 그래서 벌을 주는 거... 하나님의 존재를 안 믿는다고 해야 하나? 그렇게 되는 거죠 그러면 하나님은 왜 나를 안 믿고 화를 나게 하냐 그런 뜻에서 머리를 아프게 하는 거... 그래서 생각이 든 게 육체도 영혼도 아닌 또 다른 영의 세계가 있을 거 같애요. 모든 곳에

110회기 때부터 P는 소리(환청)을 경험하기 시작했다. 자고 있는데 몸이 붕 뜨는 느낌이 들고 머리에 뭔가가 들어오는 느낌이 든다고 했다. 사람 목소리가 들리는 것 같고 심장에서 말하는 듯한 느낌이라고 했다. 0(영님)을 믿어서 그런 건지 저승사자가 잘못 알고 자신을 데리러 온 것 같다고도 했다. P는 죽음에 대한 공포를 경험하고 있는 것 같았다. 120회기에서는 들리는 소리에 변화가 일어났다. 하나님이 자신 때문에 하늘나라로 올라가서 쉬지도 못하고 소리들과 함께 P를 지켜보고 있다고 했다. 그리고 P가

보고 있는 모든 것이 허구며, 자신이 자해했던 순간부터 허구에서 살고 있다고 했다. 소리들 중에는 자신을 공감해 주는 목소리도 많이 있고, 같이 장기도 두는데 허구중 하나의 감각이 자신에게 들어와서 P를 대신해 장기를 둔다고 했다. 또 하나님이 자신에게 감동 받아서 울고 있다고 했다. 처음에는 아이디어에 대해서 공감해 주지 않았지만, 이제는 돈을 벌려면 아이디어가 있어야 된다는 걸 알고 공감을 하는 것 같다고 했다.

P와의 마지막 회기(122회)는 12월 25일 이루어졌다. P는 연속해서 4회기를 빠졌고, 어렵게 통화가 되었을 때 회기가 있는 날이 아닌 25일 나오겠다고 했다. P는 소리들이 들리기 시작했을 즈음부터 거의 외출을 하지 않았다. 다니고 있던 이용시설도 나가지 않았고, 하루 종일 집에서 보내는 날들이 많아졌다. 회기에도 연락 없이 빠지는 날들이 늘어났고, 치료사와 통화가 되었을 때는 이러저런 이유를 대가며 나오지 않겠다고 했다. P와 가졌던 마지막 회기에서 목소리들이 사람들 앞에서 소리를 내서 기도하라며 자신에게 기도하는 방법을 알려 주고 있다고 했다. 목소리들로 인해 하나님에 대해 새롭게 알게 되었는데, 하나님은 모든 것의, 모든 사람들의 하나님이고 생각하고 있는 하나님이라고 했다. P는 하나님과 자신을 동일시하면서 더 이상 자신을 처벌하는 대상으로 경험하고 있지 않았다. 그러나 이것은 P안에서 좋은 대상으로 자리 잡기보다는 또 다른 방어를 형성하고 있었

고, P는 그 방어체계 안에 머물길 원했다.

## 2. 접촉 기능

P가 치료사를 대상으로 인식하기 시작한 것은 10회기부터 이루어졌다. 그 전의 회기들에서는 철수의 상태로 치료사를 사물의 일부 정도로 인식하고 있는 듯 했다. 〈표 2〉를 보면 회기가 진행될수록 접촉해 오는 빈도와 접촉이 유지되는 정도가 증가하는 것을 볼 수 있다. 이는 대상과 자아의 영역이 점차 분화되어 가고 있음을 나타내는 것으로 볼 수 있다.

표 2

| | 회기 | 접촉 | 비율(%) |
|---|---|---|---|
| 분석초반 | 10 | 1회 | 0.6 % |
| | 16 | 1회 | |
| | 20 | 1회 | |
| | 24 | × | |
| | 30 | × | |
| 분석중반 | 42 | × | 3.9 % |
| | 63 | 3회 | |
| | 64 | × | |
| | 71 | 9회 | |
| | 79 | 2회 | |
| | 82 | 13회 | |
| | 102 | × | |
| 분석후반 | 104 | 19회 | 10.2 % |
| | 107 | × | |
| | 110 | 5회 | |
| | 120 | 21회 | |
| | 122 | 6회 | |

## 분석 초반

분석 초반 P는 10, 16, 20회기에 각각 한번 씩 치료사에게 접촉을 해 왔다. 각 회기들에서 접촉이 유지되지는 않았고, 한번의 접촉 시도만이 이루어졌다. 첫 접촉은 10회기에 이루어졌는데, 그 전 회기들에서 P는 치료사가 데리러 갈 때까지 상담실에 오지 않았다. 회기를 잊은 듯 TV를 보고 있거나 누워 있곤 했다. 회기 내에서는 치료사가 말을 걸때까지 말을 하지 않고 앉아 있었다. 10회기에 처음으로 앉아서 치료사를 기다리고 있었으며, 제 시간에 도착한 치료사를 향해 "오늘 늦게 오셔서 안 오시나 했어요?" 한다. 16회기에는 명절을 보내고 만나게 되었는데 "선생님은 뭐하고 지내셨어요?"하며 안부를 물어왔다. 그리고 20회기에는 치료사의 머리모양이 바뀐 것을 보고 "머리를 묶으셨네요"하며 관심을 표현해 왔고 치료사가 어떠냐고 묻자, 웃으면서 다른 이야기로 화제를 전환하는 모습을 보였다. P는 치료사를 없는 사람처럼 아무런 관심도 표현해 오지 않다가 희미하게나마 분리된 대상으로 인식하고 있지만, 관계에 머무를 수는 없고 치료사가 P의 의견을 묻는 질문에 회피하는 모습을 보이고 있었다.

분석 중반에는 초반에 비해 접촉을 해오는 빈도와 접촉이 유지되는 정도가 늘어났다. 총 4(63, 71, 79, 82회기)번의 회기에서 접촉이 이루지고 유지되었다. 접촉을 통해 P는 치료사를 궁금해 하고 관심을 표현하고 있다. 그러나 자신과 완전히 다른 대상으로 경험하기 보다는 자신의 일부나 쌍둥이처럼 경험하고 있다. 63회기에서는 회기가 시작됨과 함께 접촉이 이루어졌다. 초보적이긴 하지만 초반과는 다르게 간단한 대화의 형식을 갖춘 의사소통의 형태를 취하고 있다. 이는 접촉시도만 해 오던 것에서 발전된 형태라 볼 수 있다. 그러나 감정의 접촉은 일어나지 않고 있다.

P: 오늘 어디 가세요?
T: 아니요
P: 근데 귀걸이 까지 하시고
T: 아, 귀걸이요 하니까 어때요?
P: 괜찮아요

71회기에는 로또를 잃어버린 것을 애석해 하며 꿈 이야기가 나왔던 회기였다. 2번의 접촉이 이루어졌고 총 9번의 대화가 오고 갔다. P는 자신으로 인해 치료사에게 달라진 것이 있는지를 궁금해 했다. 치료사가 말을 하지 않고 있을 때는 자신처럼 분석을 하고 있는 느낌을 받는다고 했고 치료사가 결혼을 했는지를 궁금해 했다. 회기가 끝날 즈음에 치료사가 목표가 무엇인지 직접적으로 물어 오기도 했다. P가 꾸었던 꿈은 능력을 발휘할 수는 없지만 자신에게 능력이 있다는 것에 기분이 좋았던 내용이었다. 치료사에게 하는 질문들은 이것과 연관 지어서 이루어지고 있음을 알 수 있다.

## 분석 중반

82회기는 분석 중반 중 가장 오랫동안 접촉이 유지되었던 회기였다. 여전히 감정적 접촉은 일어나지 않고 있지만, 치료사가 좋은 대상으로 자리 잡고 있다.

P: 드실래요?
T: 뭐에요?
P: 내일 그 팀 발표할거 서로 적어가지고 점수 매겼거든요. 그래서 1등 했다고
T: 감사히 잘 먹을께요.
(중략)
P: 선생님은 뭐 관심 있으신 거 있으세요?
T: 관심 있는 거요?
P: 예
T: 좋아하는 걸 말하는 거에요?
P: 예, 취미 같은 거
(중략)
T: 잠자는 거 좋아해요..사람들 만나서 얘기하는 것도 좋아하고, 산책하는 것도 좋아하고
P: 거의 혼자 있는 걸 좋아하시네요... 혼자 있는 시간 같은거
T: 잠자는 건 혼자 하는 거 같네요. 산책은 혼자 하는 경우고 있고 같이 하기도 하고... 사람들 만나서 얘기하는 것도 같이 하는 거 같애요
T: 왜 그걸 물어보세요?

P; 그냥요

(중략)

T: P씨는 아이디어 말고 뭘 좋아하세요?

P: 아이디어 말고 글쎄 돈(웃는다)... 저는 그냥 취미는 단체로 하는 거 축구나 장기시합이나 그런 거

T: 그건 제가 좋아하는 거하고 좀 반대되는 건가요?

P: 그건 아니죠. 같은 거죠. 자기만의 시간을 갖는 거니까 그건 같은 거죠

## 분석 후반

분석 후반에는 4번(104, 110, 120, 122회기)의 회기에 접촉을 시도해 왔다. 분석 중반까지는 치료사에게 호의를 가지고 접촉을 해 오고 치료사의 눈길을 피하기도 했던 반면, 후반에는 치료사의 눈길을 피하지 않았고 오히려 뚫어지게 쳐다보기도 했다. 치료중반과는 달리 점점 치료사가 자신과 다른 대상임을 느끼고 있고, 자신을 박해하는 대상으로 경험하기도 했다. 104회기 때는 치료사의 종교를 물어왔고, 치료사를 빤히 쳐다보면서 얼굴에 성당의 십자가 모양이 보인다며 종교를 바꿔 보는 게 좋을 것 같다고 조언을 하기도 했다.

110회기에서는 한참 이야기를 하다가 치료사가 말이 별로 없는 것 같다며, 지난번하고는 틀린 느낌이 들며 뭔가 변한 것 같다고 했다. 120회기에 P는 치료사가 자신이 만들어 놓은 허구에 빠진 영혼 같다고 하며, 집에서 나올 때 치료사가 자신을 병원에 보

낼 거라는 소리를 들었다고도 했다. 그 소리를 듣고 어떤 생각이 들었는지 묻자, 자신을 병원에 보내면 그 다음은 어떻게 해야 하나 하는 생각이 들었다고 했다. P에게 치료사는 더 이상 좋은 대상이 아니며 갈등을 일으키고 있었다. 이것은 P가 좋음과 좋지 않음 사이에서 갈등했던 것과 같은 패턴이 전이가 발달하면서 치료사와의 사이에서 형성되고 있는 것으로 볼 수 있다.

P: (치료사를 한참 쳐다보더니), 눈을 왜 그렇게 깜박이세요?
T: 제가 많이 깜박이나요?
P: 뭔가를 읽고 있는 것 같은 느낌... 허구들과 비슷하게 그런 느낌을 받아요
(중략)
P: 선생님은 안 들리세요?
T: 전 안 들려요. 왜 안 들릴까요?
P: 무슨 소리인지 알 수는 없는데 마음의 소리하고는 틀린 소리가 들려요.
T: 저한테도 마음의 소리가 들리면 좋을 것 같아요?
P: 그것보다는 하나님을 이해해 봤으면... 이 소리들로 인해서
T: 어떻게 하면 할 수 있을까요?
P: 글쎄요... (눈을 감았다가 뜬다) 선생님도 한번 듣게 해 달라고 하나님께 부탁했어요
T: 하나님이 그 부탁을 들어 주실 거 같애요?
P: 글쎄요, 제가 보는 게 허구니까 선생님이 허구라면 들을

수 있게는 해줄 것 같아요... 허구는 아닌 것 같애요. 틀리데요 그냥 목소리들이 틀리다고 심리상담사 선생님은 존재감이 틀리다고 하네요. 목소리들과

(중략)

P: 뭔가에 눈빛이 강렬하게 비춰졌다. 나에 대한 믿음인가?

T: 제가 P씨에 대해서 어떤 믿음이 있을까요?

P: 웃는 거. 그냥 착하다는 느낌... 근데 그건 그냥 믿음일 뿐인 거죠

(중략)

T: 저는 P씨한테 어떤 사람인가요?

P: 어떤 사람이냐면 글쎄요... 그냥 군인 같은 느낌. 보안을 지키려고 하는 듯한 그런 느낌

(중략)

P: 울고 계시나?

T: 누가요?

P: 선생님이요, 소리들이 운다고 그러는데요.

T: 왜 울고 있다고 하나요?

P: 저 때문에 그런 거 아니에요? 마음속으로 제 말 듣고 우셨나?

T: 어떤 말 듣고 그런 거 같아요?

P: 모르겠는데

122회기에 P는 상담을 그만두고 싶다고 하며 갑자기 그만둔다고 해서 죄송하다고 했다. 상담이 어땠는지 묻는 치료사의 질문에 자신의 얘기를 할 수 있어 괜찮았지만, 거의 반복된 이야기만

해서 시간이 많이 걸린 것 같다고 했다. 또 아이디어에 대한 비밀이 새어 나간 것 같다고도 했다. 그러나 상담을 통해서 엄마, 아빠와 통하기 시작한 것은 도움 받은 부분이라고 했다. 치료사가 치료가 중단되는 것을 안타까워하자 무엇이 안타까운지 이유를 물어 왔고, 치료사가 일부러 시간을 냈는지를 물어왔다. 이 회기에서 P는 자신의 주장을 굽히지 않고 치료사에게 이야기 했고, 자신의 감정이나 느낌에 대해서도 언어화 하는 모습을 보여 주었다.

## 3. 주요 패턴과 행동화

### 주요 패턴

P에게 있어 성격처럼 굳어진 패턴중 하나는 뭔가를 강하게 주장하다가도 선택과 결정의 순간이 되면 상대방에게 그 결정권을 넘기면서 순응하는 자세를 보였다. 이것은 기관을 옮길 때마다 반복되어 나타났고, 심리치료 상황에서도 재연하고 있었다. 상담을 그만두고 싶다고 고집을 부리다가도 치료사의 설득에 따라와 주곤 하였다. P는 어릴 때부터 자신의 주장을 강하게 펼치기 보다는 다른 사람에게 자신을 맞추거나 보살피는 상황에 주로 놓였었다. 따라서 이러한 패턴은 어릴 적부터 형성되어 온 것으로 보여 진다.

회기에서 보이는 부정이나 회피, 반동형성, 행동화의 주요 패턴은 P가 자신의 긴장을 완화시키고 심리내적 균형을 이루기 위한 방법으로 선택하고 있었고, P는 크게 3가지 요인에 의해 긴장이 증가되는 것으로 볼 수 있다.

첫째, 감정이나 느낌이 요구되는 정서적 질문 혹은 관계가 요구되는 경우이다. 이때 나쁜 감정뿐만 아니라 즐겁거나 유쾌한 혹은 좋은 상태조차도 포함된다.

둘째, 죄책감이 불러 일으켜지는 경우이다. 이것은 P를 편집증적 불안으로 이끄는 요소로 작용하는데, 여기서 죄책감은 보상의 일환이 아니라 대상을 보호하기 위해서 자신의 공격성을 자기 처벌적인 방식으로 사용하고 있는 것으로 볼 수 있다.

셋째, 침묵이 길어 질 때인데, P가 견딜 수 있는 시간은 1분 30초에서 2분 정도로 보였다.

위의 3가지 상황이 주어질 때 P는 증가하는 긴장을 언어화 하지 못하고 부정의 대답이나 회피의 방법으로 긴장을 조절하고 있었다. 회피는 환상으로 도피하거나 화제를 전환시키는 형태로 나타났고, 때로는 화장실을 가거나 커피를 마시러 나가는 직접적인 행동화가 일어나기도 했다. 이것은 회기에서 P에게 패턴으로 자리 잡았고 견딜 수 없는 긴장으로부터 자아를 보호하고 있었다. 커피를 마시러 나가거나 화장실을 가는 행동은 자신안의 결핍이나 좋지 않음을 직접 채우거나 비워내는 행동으로 볼 수 있다. 그리고 P는 전체 회기에 걸쳐 말의 시작이나 중간 혹은 끝에 웃음이 자주 등장했는데, 이것은 미분화된 감정에 대한 표현으로 볼 수 있다.

앞서 문헌연구에서 살펴보았듯이, Spotnitz는 유아가 성숙하는데 만족과 좌절의 적절한 균형이 필요하다고 하였다. 유아는 지나치게 자극적인 상태가 되는 위험으로부터 스스로를 제거하기 위해 병리적 자기애와 정서적 고립상태에 빠진다. 여기서 과잉이나 결핍은 똑 같이 유아에게 자극적인 상태로 경험된다. 또한 Bion은 인간의 정신은 사고(thought)와 생각하기(thinking)의 두 요인에 의해 발달한다고 보았으며, 어느 한쪽 혹은 양쪽의 실패는 정신병리를 가져온다고 하였다. 죽음본능으로부터 파생되는 원-정서들이 사고로 전환되지 않으면 유아의 투사적 동일시는 의사소통의 기능이 아닌 비워내기의 형태로만 사용된다고 하였다.

### 행동화

〈표 3〉을 보면 행동화는 크게 웃음, 화장실 가는 행동, 커피를 마시는 행동으로 나누어 볼 수 있다. 먼저 웃음의 사용을 보면 치료가 진행될수록 감소하는 것을 볼 수 있다. 이는 P의 미분화된 감정들이 서서히 분화가 이루어지고 있는 결과로 볼 수 있다. 화장실을 가는 행동은 초반에 1번, 중반에 2번, 후반에 1번을 보여주고 있다. 커피를 가지러 가는 경우는 초반에는 일어나지 않다가 중반과 후반에는 2번을 유지하고 있다. 직접적인 행동화로 볼 수 있는 화장실을 가는 행동과 커피를 가지러 가는 것은 P의 긴장증가와 직접적으로 관련이 있는 것으로 보인다.

표 3

| | 회기 | 웃음 | 비율(%) | 화장실 | 커피 |
|---|---|---|---|---|---|
| 분석 초반 | 10 | 2 | 6.4 % | × | × |
| | 16 | 13 | | × | × |
| | 20 | 7 | | × | × |
| | 24 | 10 | | × | × |
| | 30 | × | | ○ | × |
| 분석 중반 | 42 | 2 | 5.9 % | × | × |
| | 63 | 2 | | × | × |
| | 64 | 7 | | × | × |
| | 71 | 11 | | ○ | ○ |
| | 79 | 6 | | × | × |
| | 82 | 3 | | × | ○ |
| | 102 | 10 | | ○ | × |
| 분석 후반 | 104 | 9 | 4 % | ○ | × |
| | 107 | 5 | | × | × |
| | 110 | 4 | | × | ○ |
| | 120 | 1 | | × | × |
| | 122 | 1 | | × | ○ |

### (1) 분석 초반

웃음을 포함한 P의 행동화에 대해 구체적으로 살펴보면, 분석 초반에 10번 이상의 웃음이 등장하는 회기는 16회기와 24회기, 그리고 화장실을 가는 행동은 30회기에 있었다. 16회기는 현실과 접촉하게 하려는 치료사의 과도함으로 P를 자극적인 상황에 놓이게 했다. 이때 P는 깊은 환상들과 웃음으로 저항하면서 치료사에게 의사소통하고 있었다. 24회기는 정수기를 8억에 팔고, 우산 아이디어로 들떠 있었고 우산 아이디어는 엄청난 것이라며 치료사에게 알려주지 않던 회기였다. 30회기에는 화장실을 가는 행동화만 보였다. 군대는 P의 편집증적인 불안이 시작된 곳으로, 화장실을 가는 행동을 통해 자신이 소화할 수 없는 감정들을 직접적으로 비워내고 있었다.

T : 어머님 말씀 들으니까, P씨가 군대 제대 후 예비군 훈련 갔다 와서 부터 좀 이상했다고 하던데 어떻게 생각하세요?

P : 군대 제대할 때 수송관님께 전역한다고 인사안하고 나왔던 게 계속 걸려 가지고... 그때 휴가기간 이었는데 대장님께는 인사했는데... 부사수한테 나간다고 전화는 했거든요. 전역하고 나서 고참 만났었는데 영창 갈지도 모른다고 하더라구요. 예비군 훈련 갔을 때 헌병들이 나를 감시하러 온 게 아닌가 하는 생각이 들었고, 군대에서는 얼른 안 잡아가고 죄를 더 키워서 잡아간 후 더 큰 벌을 준다고 해서... 군대 안에 있을 때 그게 군대전략이라고 사

람들이 그랬거든요... (45분경, 배가 아프다며) 화장실 좀 갔다 올께요

### (2) 분석 중반

분석 중반에는 2번(71, 102회기)의 회기에 화장실을 가는 행동과 웃음을 함께 보여 주었고, 82회기에는 커피를 타러 나갔다 왔다. 71회기에서 P를 행동화로 이끌었던 것은 회기 중간 중간 있게 되는 침묵으로 인한 것으로 보였다. 이때 침묵은 너무 적은 자극이나 결핍으로 인한 박탈로써 경험되고 좌절감으로 인해 파괴적 충동이 올라오는 것으로 볼 수 있다. 이는 긴장증가의 요인으로 작용하고 있다. 따라서 P는 치료사에게 접촉을 해 옴으로써 결핍과 부족함을 채우려 했지만 이것 또한 적절하지 못했던 것으로 보인다. 이것은 엄마의 수유가 배고픈 아이에게 충분한 양의 공급이 아니었음에 견줄 수 있다. P는 치료사에게 목표가 있는지 물어왔지만 치료사의 대답은 P의 필요를 채워주지 못했고, 화장실을 가서 비워내고 커피를 들고 들어오는 직접적인 행동화를 통해 긴장을 조절하고 자신의 필요를 채우고 있는 것으로 보여 졌다.

102회기는 마찰력과 타임머신에 대한 이야기가 있었고, 상담을 더 이어 갈 것을 논의하던 회기였다. P는 기분 좋음에 오래 머물러 있지 못했고 뒤이어 바로 P를 불안한 상황으로 이끄는 죄책감이 따라 왔다. 이때 P는 환상으로 회피하며 증가된 긴장감을 조절해 보려 하지만 실패했고, 이어서 직접적인 행동화가 일어나는

것을 볼 수 있다.

P: ... 맥주 마시니까 기분 좋은 일이 생길 거 같기도 하고... 마시고 나니까 뭔가가 쐐한 느낌이 들면서....근데 효과가 사라졌나 봐요. 지금은 그런 느낌이 없어요... 뭔가 기분 좋은 일이 생길 거 같애요... 뭔가 감지한 느낌. 인형뽑기 할 때처럼, 뭔가 감지한 그런 느낌... 한번은 바닷가재 뽑아서 집에 가지고 갔는데 해 먹을 수가 없었어요. 삶기는 삶았는데 어떻게 먹는지 몰랐고, 삶으려고 할 때 불쌍하기도 하고, 뭔가 죄책감 같은 것이 들기도 하고...

P: 마찰력이 진짜 하는 게 많더라구요... 그거면 타임머신도 만들 수 있을 거 같고, 시간이나 마찰력 빛 같은 경우도 공통점이 흐른다는 거거든요. 이제 그 마찰력 망원경만 만들어 지면은(웃는다), 힌트를 찾을 수 있을 거 같애요... 그 외국에 미래에서 왔다는 사람도 만들 수 있다고 하기는 하는데, 타임머신요 그 사람이 타임머신을 타고 왔데요

T: 그 사람이 타고 온 타임머신이 있어요?

P: 모르겠어요. 타임머신은 한 대는 발견된 게 있기는 있는데요. 사람들이 작동법을 모르고... 화장실 좀 갔다 올께요

(시작한지 20분경과)

82회기는 P가 1등을 해서 상품으로 받은 먹을 것을 치료사에게 먹으라고 주었던 회기였다. 치료사가 감사함을 표시하자 P는

커피를 타 오겠다며 자리를 떴다. P는 행동화를 통해 정서적 접촉을 회피하고 있었다.

### (3) 분석 후반

분석 후반에는 3번(104, 110, 122회기)의 회기에 걸쳐 화장실과 커피를 타러가는 행동화만 보였다. 웃음이 사라진 것은 치료사와의 관계에서 불편함이나 어색함이 많이 사라졌음을 보여주는 것이며, P의 복잡하고 미분화된 감정들이 분화가 이루어지고 있는 것으로 볼 수 있다. 104회기에서는 자신이 인터넷에 "기독교는 사이비다"라고 글을 올려서 자신에게 이상한 일이 생기는 것 같고, 처벌에 대한 두려움에 사로잡혔던 회기였다.

> P: 근데 옛날부터 그런 말을 많이 들었거든요 뭐 천사 같다느니... 요즘에 태양을 많이 보게 되더라구요 보고 있으면 그냥 재채기는 안 나오고, 옛날에는 재채기가 많이 나왔는데, 거의 질 때 봐서 그런가....근데 태양 보면 주변에 동그랗게 생기더라구요... 인터넷 한번 했다고 그런 건가?
> T: 기독교는 사이비다?
> P: 예, 화장실 좀 갔다 올께요 (25분 경과)

110회기는 무릎을 굽혔다 폈다 할 수 있는 의족을 구상하고 있다는 이야기가 끝나고 침묵이 주어지자, 21분경 커피를 타러 나가는 행동이 일어났다. 마지막으로 가졌던 122회기에서는 25분 경 커피를 타러 나갔다 왔다. 이때는 밖에 나오기가 무섭다고 했으며, 군인이 자신을 잡아갈지도 모른다는 생각이 든다고 했다.

P는 회기 시작 20~25분 사이에 주로 행동화가 일어나고 있는 것을 볼 수 있다. 물론 모든 행동화가 이 시간에 일어나는 것은 아니며 연구가 더 필요한 부분이기는 하지만. 대체로 이 시간대는 P가 자신의 긴장을 견딜 수 있는 최대한의 시간으로 볼 수 있다.

## 4. 전이와 역전이

### 전이

P는 크게 자기애적 전이 상태로 2년의 심리치료 기간 동안 자기-몰두의 상태, 자아-동조적 상태, 자아의 대상화 상태를 보여 주었다, 분석 후반에는 특히 자기애적 전이가 완전히 발달하게 되면 나타나는 강렬한 신체화 망상들을 보여주고 있다. 2년의 치료기간을 뚜렷한 단계별 특징을 보이는 회기로 나누어 볼 때, P는 주로 자신의 감정을 거의 인식하지 못하고 신체에 대한 감각에 몰두하면서 불편함을 호소하는 자기-몰두의 상태에 주로 머물러 있었다. 특히 P가 시설에 거주하는 동안에는 다른 회원들의 시선과 말에 대한 불편함을 호소했다. 79회기에 그러한 모습은 잘 드러나고 있다.

P: K씨 땜에 못 있겠어요… 하도 이상한 행동을 많이 하니까… 그냥 텔레비 보고 있으면 옆에 서가지고 핸드폰 소리 크게 한 다음에 자기 보고 있고 막 쳐다보고 밤에 중얼대고 그러죠… 귓속말 하듯이 그런 소리로 혼자서…

T: 나오고 싶은 이유가 K씨 때문이에요?

P: 거의 그렇죠.

64회기와 82회기에서는 치료사를 분리된 대상이 아닌 자아-동조적 대상으로 경험하고 있는 모습을 보여준다. 이때 P는 치료사를 자신과 분리된 대상이 아닌 자신의 자아와 동일한 대상으로 경험한다. 워프에 대한 설명에 치료사가 "어렵긴 해도 흥미로운 영역이네요"하자, P는 "어렵긴 한데 이해가 안 가시는 건 아니잖아요?"라고 답변한다. 또 82회기에서는 치료사와 P가 서로 좋아하는 것이 다름에도 불구하고 "자기만의 시간을 갖는 거니까 그건 같은 거죠"한다.

분석 후반에 접어들어서는 자신의 신체가 마비 또는 정신과 분리된다고 느끼고, 무언가가 잘못되었다고 확신하는 모습을 볼 수 있다. 자신이 죄를 지어서 처벌 받을 것을 내비치며 죄하라고 느끼기도 하고, 때로는 천사와 동일시하기도 한다. 122회기에서는 "생각하는 하나님"이라며 자신과 하나님을 동일시하면서 우월한 사람임을 느끼고 있다. 이 시기 P는 어디를 가든 따라다니는 소리들을 경험했고, 또한 지하철에서 만나는 사람들이 자신에 대해 수군대고 군인들이 자신을 잡아 갈 것이라는 심한 편집증적 불안을 경험했다. 이것은 전이 안에서 치료사가 자신을 병원에 보낼지도 모른다는 불안을 불러 일으켰다. 이 불안은 P에게 치료 파괴적 저항으로 으로 작용하면서 극복되지 못했고, 종국에는 치료의 중단을 가져왔다.

전이의 내용을 살펴보면, 초반에 생활전반과 약에 대한 질문을 했던 치료사를 실습 사회복지사나 간호사로 생각 하면서, 치료사가 과제를 수행하는데 도움을 주려는 자세를 취했다. 그래서 녹음에도 흔쾌히 응했고 녹음한 내용을 교수님께 들려주었는지 궁금해 하기도 했다. 14회기 때는 자신의 아이디어를 들으면서 적지 않는 치료사를 향해, 다른 선생님들은 다 적는데 왜 적지 않는지 궁금해 했다. 자신은 기억하는 사람보다는 적는 사람이 더 있어 보인다며 치료사를 평가절하 하는 모습을 보였다.

똥을 먹는 꿈을 얘기했던 24회기에서는 치료사를 주지 않거나 먹을 수 없는 것을 주는 엄마로 경험하고 있었다. 따라서 치료사의 많은 질문들은 넘쳐남으로, 침묵은 결핍으로 그리고 치료사의 개입들은 상한 음식으로 경험하면서 과거 엄마와의 관계가 치료사와의 사이에서 재연되고 있었다. 63, 71회기에는 성적전이가 일어나고 있었다. 치료사에게 귀걸이 까지 하고 어디를 가는지 따지듯 물어왔고, 주거시설에서 한 회원이 여성과의 성관계를 얘기하는데 듣기가 싫었다고 했다. 71회기에서는 치료사가 결혼을 했는지 궁금해 했다. 82회기 때는 치료사에게 먹을 것을 가져다주기도 하며 좋은 대상으로 경험하고 있었으나 120회기에서는 자신을 병원에 보내려고 하는 박해하는 대상으로 경험하고 있었다. 전이의 내용을 보면 P는 대상을 도와주고 있는 것을 볼 수 있다. 이는 모던정신분석에서 정신분열증의 핵으로 보는 대상보호의 차원이다. P는 어릴 적부터 앞을 보지 못하는 아버지와 늘 동행했었고, 아버지를 인도하고 위험으로부터 아버지를 보호하는 입장에 있었다. 따라서 P는 대상을 보호하기 위해 자기희생을 하며 공격성을 자신에게 돌리는 패턴이 형성될 수 있는 환경에 노출되어 있음을 볼 수 있다. 물론 환경적 요인만이 질병의 원인이라고 단정 지을 수는 없다. 그러나 P의 초기대상관계는 좋지 못했으며, 내적대상세계는 좋은 대상이 부재하는 박해하는 대상으로 이루어져 있다.

## 역전이

치료사가 경험한 역전이로는 무기력, 무력감과 가망없음 으로 부터 오는 무능력, 그리고 P가 치료사와 접촉이 전혀 없이 자기-몰두 상태에 있을 때는 심한 졸음을 경험했다. 무엇보다 치료가 아무 소용이 없고, 치료사가 아무 것도 할 수 없다는 무능력은 가장 견디기 힘든 요소 중 하나였다. 미동 없이 치료사를 빤히 쳐다 볼 때는 섬뜩함이 불러 일으켜지기도 했다. 회기 전체를 통해 치료사에게 강하게 유발되었던 감정은 P를 걱정하고 염려하며 보살피고 싶은 의존적(양육적) 역전이 감정이었다. 이는 치료사안에서 역전이 저항으로 작용하면서 P에게 적대감을 느끼지 못하게 하는 무의식적 방어로 사용되었다.

10회기가 되기까지 P는 치료사가 데리러 갈 때까지 상담실에 나타나지 않았는데, 치료사는 그런 상황이 짜증스러웠고, 전철로 나가 아이디어를 팔겠다고 했을 때는 걱정하는 마음이 앞섰다. P가 주거시설로 옮기면서부터 핸드폰이 생겼는데, 치료사의 번호를 4번째에 저장했을 때는 씁쓸함이 느껴지면서, 엄마보다는 앞선다는 것에 위안을 삼기도 했다. 집으로 돌아간 후 두 번에 나누어서 먹어야 하는 약을 한꺼번에 먹거나 아침에 늦게 일어나서 밥을 먹지 않았다고 할 때는 어머님이 너무 무심하다는 생각과 잘 보살펴 주면 좋겠다는 생각이 들기도 했다. 특히 P만 남겨두고 가족여행을 떠날 때는 화가 나기도 했다. 어머니에 대한 역전이 감정이 유발될 때 치료사는 좋은 엄마가 되려고 했고 의존적 역전이 감정이 더 강하게 일어났다. 그 결과 회기 내에서 약복용과 식사를 제대로 하지 않는 것에 대해 걱정하고 염려하는 개입들로 나타났고, 수퍼바이져로 부터 너무 유아적인 방식으로 P를 대하고 있다는 피드백을 받기도 했다. 치료 후반에 접어들면서 P가 회기에 빠지는 횟수가 늘어날 때에는 어머님이 더 관심을 가지고 도와주면 좋겠다는 생각이 들기도 했다.

전체 회기가 진행되는 동안 치료사는 두 번의 환상이 경험되었는데 내용은 성과 공격성에 관한 것이었다. 첫 번째는 상담실을 치료사가 있는 센터로 옮기고 29회기를 갖기 전에 일어났다. P가 치료사를 덮칠지도 모른다는 성적 환상은 29회기를 불안과 긴장

속에 기다리게 했다. P가 성적전이를 보였던 회기는 63회기가 처음이었는데, 이 시기는 그 보다 훨씬 앞서 일어났던 것으로 객관적 역전이로 보기는 힘들었다. 이 당시 치료사는 교육 분석이 4년째 접어들고 있었지만 충분히 분석되지 않은 주관적 역전이로 보여 졌다. 그러나 P는 고등학교 때까지 누나들과 같은 방을 썼고 집안에 남성보다는 여성이 더 많은 환경에서 성장했다. 이러한 환경은 일찍부터 P가 성적자극에 노출되는 환경으로 작용했을 가능성이 보여 진다. 그런데 회기에서 성적전이가 63회기에 접어들어서야 나타나고 있는 것은 P가 자신의 성적욕구를 철저하게 억압하고 있거나, 더 이른 시기에 성적전이가 형성되고 있었음에도 불구하고 이를 언어화 하지 못하고, 직접적인 행동화에 포함시켰을 수도 있다는 가능성을 가져 볼 수 있다. 따라서 치료사에게 유발된 성적환상에는 객관적 역전이가 포함된 것으로 볼 수 있다.

두 번째는 늘 20,30분 일찍 와서 기다리던 P가 5분 지각을 하였던 42회기에 P를 기다리는 동안 경험되었다. 치료사가 회기에 오고 있는지 P에게 전화를 걸고, P는 다짜고짜 욕을 하면서 자신이 왜 가야하냐며 소리를 지르는 모습이다. 이것은 P가 병원에 가기 전 어머니와 있었던 일과 거의 일치하는 모습이다. 치료사는 회기에서 P의 통제할 수 없는 행동화에 대한 불안을 가지고 있었고, 이를 철저하게 억압한 것으로 보여 진다. 이것은 P로 하여금 회기에서 치료사를 보호하기 위해 자신의 공격성을 제대로 쓸 수 없게 만드는 요소로 작용할 수 있다.

# V. 결론 및 제언

이 논문은 정신분석적 심리치료가 정신분열증 환자에게 어떠한 영향을 미치는지 살펴보기 위해서 4가지 측면에서 연구가 이루어졌다. 먼저 환상의 변화 측면을 보면, 환상은 상징으로 사용되기보다 방어적 기능이 더 강했다. 일부 환상에서는 상징이 포함되기도 했지만 대체로 자신을 파국적 상황과 자아가 위협받는 상황으로부터 도피하게 하는 탈출구가 되고 있었다. P에게 파국적 상황은 공황장애가 있던 시절로 보여 졌다. 당시 영문도 모른 채 처음으로 2개월 정도 병원 입원이 있었고, 퇴원했을 때는 정신분열증 환자가 되어 있었다. 가족보다 친하게 지냈던 친구들은 멀어졌고, 군대를 제대 한 후였기 때문에 집에서 용돈을 받는 것도 여의치 않았다. P는 집에서 나와 지내면서 철저히 혼자가 되었고 자신의 생계를 책임져야 했다. 아르바이트를 시작 하기는 했지만 오래가지 못했고 이때 P는 공황장애와 자해를 경험하면서 두 번째 입원이 이루어졌다. P는 자신이 누구인지 그리고 어디에 있는 것인지 알 수 없었다고 했다. 두 번째 입원 때부터 P는 아이디어 구상에 몰두하기 시작했고 그것은 자신이 정신분열증 환자라는 것과 돈이 없다는 것을 잊게 해주었고, 마음만 먹으면 무엇이든 할 수 있게 해 주었다. 또한 사람들에게 관심을 불러일으키면서 혼자라는 생각도 잊게 해 주었다.

P의 자아를 위협하는 요인은 편집증적인 불안으로 보여 졌다. 이것은 늘 죄책감으로 인해 불러일으켜졌는데, P의 죄책감은 클라인이 말하는 우울적 자리에서의 대상에 대한 죄책감이라기보다는 공격성을 자신에게 돌리는 자기처벌적인 성격이 강했다. 편집 정신분열증 환자들은 외부적 요소뿐만 아니라 자신의 신체 안에서의 구성요소들조차 자신을 향한 불길한 의미와 악의로 채워진 것으로 인식하면서 불안을 경험한다. 따라서 그들은 외부세계의 박해 적 인물뿐만 아니라, 내사하는 인물에 의해서도 박해 받는 만성적인 위협 아래에서 살고 있는 것이다. 그들이 내사하는 인물은 외부 대상의 왜곡된 표상들로써 그의 인격 안에서 이물질(foreign body)처럼 존재한다.

접촉 기능의 변화는 P가 치료사를 대상으로 인식하지 못하다가 서서히 자신과 다른 대상으로 인식해 가는 과정으로 볼 수 있다. 접촉 시도가 있기 전의 회기들에서 P는 치료사를 사물의 일부 정도로 인식하는 듯 했다. 그러다가 초반에는 단순한 접촉하기에 머물렀고 후반으로 갈수록 접촉이 유지되는 것을 볼 수 있다. 이는 대상과 자아 영역 간 분화가 이루어지고 있음을 보여주는 것이다.

P의 주요패턴은 자극에 매우 취약한 정신분열증 환자가 증가하는 긴장에 맞서 심리내적 평형상태를 유지하고 항상성을 유지하기 위한 방법의 일환으로 선택하는 것으로 삶을 살아가는 그만의 고유한 방식이다. P와의 치료과정은 생후 2년 동안의 발달의

재연이라고 볼 수 있다. 이 시기의 유아는 언어화가 힘들고 모든 것은 신체언어로 표현된다. 유아에게 모든 상황은 자극으로 받아들여지고 자극으로 인해 긴장이 증가 되었을 때는 항상성을 유지하기 위해 자극을 감소 할 수 있는 방법을 선택하게 된다. 언어가 발달한 후부터 유아는 긴장조절을 언어를 통해 할 수 있게 된다. P가 회기 중에 보여주었던 주요 패턴들은 이러한 차원에서 이루어지고 있었고, 주요 패턴으로는 정서적 접촉을 요하는 질문에 대해 환상으로의 도피, 부정, 반동형성을 사용하거나 직접적인 행동화를 취했다. 특히 직접적인 행동화는 자신의 상태를 언어화 하지 못하는 것과 밀접한 상관관계를 이룬다. 또한 P가 많이 보여주었던 웃음은 미분화된 감정상태를 표현하는 것으로 후반으로 갈수록 웃음이 줄어들고 있는 것은 감정의 분화가 이루어지고 있음을 보여주는 것이다.

전이를 통해 보여 지는 P의 내적 대상세계는 박해하는 대상들로 이루어져 있다. 초기 어머니는 결핍이나 과잉 혹은 부적절한 것을 주는 것으로 그려지고 있고 유일하게 좋은 대상은 할머니인데, 이후 P가 가장 좋아하는 음식은 할머니가 해주셨던 것이다. 따라서 회기 내에서 침묵은 결핍으로, 치료사의 과도한 개입은 과잉으로 경험될 수 있다. P가 치료사를 좋은 대상으로 경험하기도 하지만 결국에는 자신을 박해하는 대상으로, 병원에 보낼지도 모른다는 생각에 이끌리면서 전이는 저항이 되었고 해결되지 못한 채 치료의 중단을 가져왔다. P와의 치료는 모던 정신분석으로 보면, 자기애적 전이의 완전한 발달을 보여 주었고, 서얼즈의 치료 단계로 보면, 비 접촉 단계를 거쳐 양가적 공생 단계에서 중단되었음을 알 수 있다.

P와의 심리치료는 심리내적으로 대상과 자아의 분화가 이루어지기 시작하게 함으로써, 치료사를 분리된 대상으로 인식하고 이로써 자아의 자율적인 기능이 사용될 수 있게 하는 원동력으로 작용했다. 또한 회기에서 파국적 상황과 자아가 위협을 느끼는 상황을 치료사와 함께 함으로써 P에게 좋은 대상경험이 되었다. 이러한 경험은 P의 행동 변화에 영향을 미친 것으로 보인다. 가족들과 대화 없이 주로 폭언이나 폭력적인 방법으로 자신을 표현했던 P가 치료 후반에 접어들어서는 가족들과 소통하면서 집에서 잘 지내는 모습을 보여 주었다. 무엇보다 장애가 있는 아버지와의 동행을 어릴 적부터 무척 싫어했던 P가 흔쾌히 아버지와 동행을 하기 시작했고, 어머님과의 관계에서는 갈등 상황을 만들지 않으려고 노력하는 모습을 보였다. 또한 P는 병식이 없음으로 인해 약에 대한 강한 거부감이 있었고, 약물 복용은 다른 사람이 챙겨 주어야 하는 상황이었다. 따라서 입원이나 기관생활에서는 약물 복용이 이루어지다가 집으로 돌아가면 끊는 행동을 했고 이후 병원 입원으로 이어지는 반복적인 패턴을 하고 있었다. 그러나 심리치료가 진행되는 동안 P는 약의 감소를 보였고, 집으로 돌아간 후에는 스스로 약을 챙겨 먹게 되었다. 마지막으로 P는 평소에 고집을 부리며 무언가를 주장하다가도 결정의 순간이 되면 주위의 권

유에 순응적으로 따르는 모습을 자주 보였었는데, 이것은 치료 상황에서도 나타났다. 치료사의 권유로 시작된 치료가 6개월이 될 때까지 P는 종종 그만 두고 싶다는 뜻을 내비쳤지만, 그럴 때마다 6개월은 해 보자는 치료사의 설득으로 회기가 이어가고 있었다. 그러나 6개월이 되는 시점에서 기간이 다 되었음을 치료사에게 상기시켰고, 이후는 P가 자발적 의지를 보이며 치료에 임했다. P의 순응적 태도는 결정과 책임에 따른 압박감을 약한 자아가 견딜 수 없기도 했고, 한편은 대상보호의 차원에서 이루어진 결과로 볼 수 있다. 그리고 이것은 P를 현실로부터 철수하게 하고 있었다. P의 변화된 모습은 강한 자기주장과 스스로 선택하고 결정하는 모습을 보여 주었지만, 한편 이것은 저항으로 작용하면서 그동안 억지로 다녔던 이용시설을 그만 두었고, 치료를 중단하였다. 치료 중단 시점에서 P는 외부 활동이 거의 없는 상태로 집에서만 지냈고 P가 스스로 나오기까지는 많은 시간이 필요해 보였다. 심리치료의 목적이 직접적인 행동의 변화나 지속적인 약물 복용은 아니다. 그러나 현실을 살아가면서 행동상의 변화를 일으키는 데는 통합된 자아기능이 필수적인 요소이고, P가 보여준 행동 변화는 자신을 갈등상황에 놓이지 않게 조절하는 자아 기능 향상의 일환으로 볼 수 있다.

논문을 마무리 하면서 한계점과 연구가 더 필요한 부분에 대해 살펴보면,

첫째, 문헌 연구에서 서얼즈의 이론들이 소개 되었지만 분석

은 주로 모던정신분석을 중심으로 이루어짐으로써 폭넓은 분석이 이루어지지 못했다. 이것은 짧은 치료 기간을 이유로 들 수 있다.

둘째, 심리 치료가 진행된 2년 동안 P에게 재입원은 없었지만 이 부분은 연구가 더 필요한 부분이다. 왜냐하면 그동안은 P가 시설에서 지냈고, 집에서 지낸 것은 3월부터 12월까지이기 때문이다. P가 병이 시작된 후 처음으로 사계절을 입원하지 않고 경험한 것이지만 이후의 지속력에 대해서는 추가적인 연구가 필요하다.

셋째, 연구주제의 4요소들 간의 인과관계를 심도 있게 다루지 못했다. 이 부분의 연구는 정신분열증을 비롯한 심한 자기애적 환자들을 치료하는데 많은 도움이 될 것으로 예상된다.

넷째, P에게 긴장을 유발시키는 질문의 내용과 견딜 수 있는 침묵의 시간에 대해서는 연구가 이루어졌지만, 치료사의 개입의 양에 대한 연구는 이루어지지 못했다.

이 논문은 초보 훈련 심리치료사의 첫 임상사례로, 높은 열정이 치료에 방해가 되기도 했고 미흡하고 서툰 부분도 많다. 그러나 우리사회의 사각지대처럼 여겨지는 정신분열증 환자들에 대한 이해의 폭을 넓히는데 다소나마 도움이 되리라 생각한다. 또한 이후에 정신분열증 환자들에 대한 임상사례들이 더 많이 연구되기를 기대해 본다.

# 주(NOTE)

1) 하이만 스팟닛츠/이준호 역, 『정신분열증 치료와 모던정신분석』, 한국심리치료연구소, 2016, pp. 18~19
2) http://www.newsmp.com/news/articleView.html?idxno=86830 참조
3) 하이만 스팟닛츠/이준호 역, 위의 책, p. 39
4) https://blutouch.net:6001/health/healths3_2.asp 참조
5) http://news.naver.com/main/read.nhn?mode=LSD&mid=sec&sid1=103&oid=057&aid=0000909200참조
6) 천지혜(2011), "명화를 활용한 집단 미술치료가 만성정신분열증 환자의 삶의 질에 미치는 영향", 동국대학교, 연구결과 참조
7) 하이만 스팟닛츠/이준호 역, 위의 책, pp. 25~26
8) 입원병동에 있는 정신분열증 환자들을 대상으로 치료하였다.
9) 모던정신분석이라 한다.
10) 본 논문에서는 죽음욕동과 죽음본능이 같은 개념이며, 문맥의 흐름에 따라 혼용되어 사용되고 있다.
11) Freud, S./윤희기.박찬부 옮김, *“쾌락원칙을 넘어서”*, 『정신분석학의 근본개념』, 열린책들, 1997, p. 339
12) Freud, S./윤희기.박찬부 옮김, 위의 책, “자아와 이드”, pp. 382-383
13) Freud, S./윤희기.박찬부 옮김, 위의 책, “자아와 이드”, p. 400
14) Freud, S./임진수 옮김, “끝이 있는 분석과 끝이 없는 분석”, 『끝이 있는 분석과 끝이 없는 분석』, 열린책들, 2005, p. 228
15) Freud, S./임진수 옮김, 위의 책, “끝이 있는 분석과 끝이 없는 분석” pp. 261-262
16) Sternbach, O.(1975), *"Aggression, the Death Drive and the Problem of Sadomasochism, A Reinterpretation of Freud's Second Drive Theory"*, International Journal of Psychoanalysis, 56:321-333.
17) 한나 시걸/이재훈 옮김, 『멜라니 클라인』, 한국심리치료연구

소, 1966, pp. 129-130

18) Klein, M.(1952), 『On The Development of Mental Functioning』, London the Hogarth Press and the Institute of Psycho-Analysis, pp. 236-246

19) 멜라니 클라인/이만우 옮김, 『아동 정신분석』, 새물결, 2011, pp. 303-308

20) Hinshelwood, R.D./이재훈 옮김, 『임상적 클라인: 이론과 실제』, 한국심리치료연구소, 2006, pp. 47-48

21) Hinshelwood, R.D. 위의 책, p. 91, 96

22) Hinshelwood, R.D. 위의 책, pp. 50-55

23) Hinshelwood, R.D. 위의 책, p. 131

24) 한나 시걸/이재훈 옮김, 『멜라니 클라인』, 한국심리치료연구소, 1966, p. 139

25) Hinshelwood, R.D. 위의 책, pp. 184-185

26) Hinshelwood, R.D. 위의 책, pp. 195 -196

27) Hinshelwood, R.D. 위의 책, pp. 130-131

28) 한나시걸/이재훈 옮김, 위의 책, pp. 88-89

29) 한나시걸/이재훈 옮김, 위의 책, p. 93

30) Joseph, B.(1994), 『Psychic Equilibrium and Psychic Change』, London and New York. pp. 116-126

31) Segal, H.(1972), *"A Delusional System as a Defence Against the Re-Emergence of a Catastrophic Situation"*, International Journal of Psychoanalysis, 53:393-401

32) 토마스 옥덴/김도애.류가미 공역, 『경험의 원시적 경계』, 경남가족연구소, 2014, p. 129

33) Hinshelwood, R.D. 위의 책, p. 102

34) Hinshelwood, R.D. 위의 책, pp. 162-165

35) 토마스 옥덴/김도애.류가미 공역, 위의 책, p. 130, 155

36) 무경험의 단계, 투사적 동일시의 단계, 정신병적 경험 단계, 상징적 사고 단계

37) 토마스 옥덴/김도애.류가미 공역, 위의 책, pp. 222-223

38) Bion, W. R.(1957), *"Differentiation of the Psychotic from the Non-Psychotic Personalities"*, International Journal of Psycho-Analysis, 38:266-275.

39) 어미 새가 먹이를 잘게 부수어서 새끼 새가 먹을 수 있는 상태로 주듯, 유아가 감당할 수 없는 감정을 감당이 가능한 상태로 돌려주는 엄마의 정신기능이다.

40) Bion, W. R.(1959), *"Attacks on Linking"*, International Journal of Psycho-Analysis, 40:308-315

41) 앞서 편집-분열적 자리에서 유아가 경험하게 되는 정서를 말한다.

42) Kant의 '공허한 사고' 의 개념의 유사체로 간주될 수 있는 개념으로, 엄마의 젖에 대한 선험적 지식을 말한다.

43) Bion, W. R.(1962), *"The Psycho-Analytic Study of Thinking"*, International Journal of Psycho-Analysis, 43:3 06-310

44) Spotnitz, H.(1962), *"The Need for Insulation in the Schizophrenic Personality"*, Psychoanalytic Review; 49C: 3-25, pp. 3-14

45) 하이만 스팟닛츠/이준호 역, 위의 책, pp. 67-68

46) 하이만 스팟닛츠/이준호 역, 위의 책, p. 75

47) Spotnitz, H.(1985), *"Discovering New Truths: How to Channel Destructivity"*, Modern Psychoanalysis, 10:5-12. pp. 6-7

48) Margolis, B. D.(1987), *"Treatment and Transition: Observations on Modern Psychoanalysis"*, Modern Psychoanalysis, 12:163-177

49) 프로이트는 필요에 대한 만족과 연결된 영양분의 지각에 대한 반복을 이렇게 불렀다.

50) 하이만 스팟닛츠/이준호 역, 위의 책, pp.67-70

51) 하이만 스팟닛츠/이준호 역, 위의 책, p.76

52) Meadow, P. W.(2003), 『The New Psychoanalysis』, Rowman & Littlefield Publishers, Inc. pp. 91-97

53) Margolis, B. D.(1979), *"Narcissistic Transference: The Product of Overlapping Self and Object Fields"*, Modern Psychoa-

nalysis, 4:131-140

54) Margolis, B. D.(1981), *"Narcissistic Transference: Further Considerations"*, Modern Psychoanalysis, 6:171-182. pp. 171-176

55) Margolis, B. D.(1981), *"Narcissistic Transference: Further Considerations"*, Modern Psychoanalysis, 6:171-182. pp. 177-182

56) 전이를 통해서 상징적으로 재-경험되는 초기 대상들과의 정서적 경험의 대상요소

57) 전이를 통해서 상징적으로 재-경험되는 초기 대상들과의 정서적 경험의 자기요소

58) 하이만 스팟닛츠/이준호 역, 위의 책, pp. 279-289

59) 정서적으로 중요한 삶의 기억들을 기억하는 것을 반대하는 저항으로, 자아저항의 표현이다.

60) 죄책감과 자기-처벌에 대한 필요로 특징지을 수 있고, 초자아 저항의 표현이다.

61) 이드와 반복강박 저항은 이드로부터 유래하고 신체적 접촉과 행동을 고집하는 것에 대한 강한 갈망들에서 나타난다.

62) 하이만 스팟닛츠/이준호 역, 위의 책, pp. 167-175

63) 하이만 스팟닛츠/이준호 역, 위의 책, pp. 206-218

64) Margolis, B. D.(1984), *"Notes on Narcissistic Resistance"*, Modern Psychoanalysis, 9:149-156

65) Margolis, B. D.(1983), *"The Contact Function of the Ego: Its Role in the Therapy of the Narcissistic Patient"*, Psychoanalytic Review, 70:69-81

66) Margolis, B. D.(1983), *"The Object-Oriented Question: A Contribution to Treatment Technique"*, Modern Psychoanalysis, 8:35-46

67) 질문의 예시는, 하이만 스팟닛츠/이준호 역, 위의 책, pp. 314-325 참조

68) Margolis, B. D.(1994), "Joining, Mirroring, Psychological Re-

flection: Terminology, Definitions, Theoretical Considerations", Modern Psychoanalysis, 19:211-226.

69) 하이만 스팟닛츠/이준호 역, 위의 책, p. 313

70) Searles, H. F.(1965), *"Phase of Patient-Therapist Interaction in the Psychotherapy of Chronic Schizophrenia(1961)"*, 『Collected Papers on Schizophrenia and Related Subjects』, International Universities Press, PP. 523-524

71) Searles, H. F. 위의 책, *"The Evolution of the Mother Transference in Psychotherapy with the Schizophrenic Patient(1961)"*, p. 349

72) Searles, H. F. 위의 책, *"The Sources of the Anxiety in Paranoid Schizophrenia(1961)"*, pp. 465-477

73) 하트만(Hartmann, H. 1939)이 퇴행의 단계, 특히 정신분열증에서 발견하는 이미 분화된 심리적 기능의 상실을 설명하기 위해 소개한 용어이다.

74) Searles, H. F.(1962), *"The Differentiation Between Concrete and Metaphorical Thinking in the Recovering Schizophrenic Patient"*, Journal of the American Psychoanalytic Association, 10:22-49. pp. 22-23

75) Searles, H. F,(1962), 위의 논문, p. 28

76) Searles, H. F,(1962), 위의 논문, p. 37

77) Searles, H. F,(1962), 위의 논문, p. 47

78) Searles, H. F. 위의 책, *"Schizophrenic Communication(1961)"*, pp. 381-386

79) Searles, H. F. 위의 책, *"Schizophrenic Communication(1961)"*, p. 388

80) Searles, H. F. 위의 책, *"Schizophrenic Communication(1961)"*, p. 391

81) Searles, H. F. 위의 책, *"Schizophrenic Communication(1961)"*, pp. 394-396

82) Searles, H. F. 위의 책, *"Schizophrenic Communication(1961)"*,

p. 398

83) Searles, H. F. 위의 책, *"Schizophrenic Communication(1961)"*, pp. 401-411

84) 간접적인 의사소통들, 자기 모순적인 언어적 그리고 비언어적 의사소통들, 만족하는 어조와 음성적으로 느끼는 어조 사이의 분리가 있는 언어적 의사소통들, 언어화되고 있는 표현에 모순을 느끼는 감정에 대한 비언어적 표현, 전적으로 비언어적인 수준의 모순의 감정들에 대한 표현

85) Searles, H. F. 위의 책, *"Schizophrenic Communication(1961)"*, p. 411

86) Searles, H. F. 위의 책, *"Schizophrenic Communication(1961)"*, p. 414

87) Searles, H. F. 위의 책, *"Schizophrenic Communication(1961)"*, pp. 417-421

88) Searles, H. F. 위의 책, *"Schizophrenic Communication(1961)"*, pp. 423-426

89) Searles, H. F. 위의 책, "*Phase of Patient-Therapist Interaction in the Psychotherapy of Chronic Schizophrenia(1961)"*, pp. 521-523

90) Searles, H. F. 위의 책, *"Phase of Patient-Therapist Interaction in the Psychotherapy of Chronic Schizophrenia(1961)"*, pp. 525-531

91)earles, H. F. 위의 책, *"Phase of Patient-Therapist Interaction in the Psychotherapy of Chronic Schizophrenia(1961)"*, pp. 531-536

92) Searles, H. F. 위의 책, *"Phase of Patient-Therapist Interaction in the Psychotherapy of Chronic Schizophrenia(1961)"*, pp. 536-541

93) Searles, H. F. 위의 책, *"Phase of Patient-Therapist Interaction in the Psychotherapy of Chronic Schizophrenia(1961)"*, pp. 545-546

94) Searles, H. F. 위의 책, *"Phase of Patient-Therapist Interaction in the Psychotherapy of Chronic Schizophrenia(1961)"*, p. 548

95) Searles, H. F. 위의 책, *"Phase of Patient-Therapist Interaction in the Psychotherapy of Chronic Schizophrenia(1961)"*, pp. 550-551

96) Searles, H. F. 위의 책, *"Phase of Patient-Therapist Interaction in the Psychotherapy of Chronic Schizophrenia(1961)"*, p.551

97) Searles, H. F. 위의 책, *"Phase of Patient-Therapist Interaction in the Psychotherapy of Chronic Schizophrenia(1961)"*,pp. 553-554

98) Core Conflictual Relationship Theme

99) The Shelder-Westen Assessment Procedure

100) Luborsky, L. and Luborsky, E(1993), *"The Era Of Measures Of Transference: The CCRT And Other Measures"*, *Journal of the American Psychoanalytic Association*, 41S:329-351, pp. 330-341

101) Luborsky, L.(1990b), 『Understanding Transference-The CCRT Method』, American Psychological Association, pp. 251-266

102) Coherence of the Relationship Theme

103) Mitchell, J. "*Coherence of the Relationship Theme: An Extension of Luborsdy's Core Conflictual Relationship Theme Method*", *Psychoanalytic Psychology*, 12(4), 495-512.

104) DSM-Ⅳ 성격장애 (PD T-점수), SWAP 성격 증후군(Q-요인 T-점수), 요인 T-점수

105) Shedler, J.(2009), *"Guide to SWAP-200 Interpretation"*, pp.3-10

106) Shedler, J.(2015), *"Integrating Clinical and Empirical Perspectives on Personality: The Shedler-Westen Assessment*

*Procedure(SWAP)"*, pp.225-229

107) Joseph, B.(1994), 『Psychic Equilibrium and Psychic Change』, London and New York. pp. 116-126

108) Lindner, R. *"The Jet-Propelled Couch, Part Ⅱ: Return to Earth"* pp. 77-81

109) Margolis, B. D.(1983), *"The Contact Function of the Ego: Its Role in the Therapy of the Narcissistic Patient"*, Psychoanalytic Review, 70:69-81, pp. 69-70

110) 하이만 스팟닛츠/이준호 역, 위의 책, p. 180

111) Boesky, D.(1982), *"Acting out: A Reconsideration of the Concept"*, The International Journal of Psychoanalysis, 63, pp. 39-55

112) Searles, H. F. 위의 책, pp. 414-417

113) Lee, Joon Ho(2013), *"Difficulties With Staying in a Relationship: To Stay or To Go"*, p. 68

114) 객관적 관찰에 바탕을 둔 환자의 실제 성격과 행동에 대한 분석가의 사랑과 증오의 반동

115) 치료사의 기억과정의 왜곡에서 비롯되는 것으로, 치료사가 삶의 초기에 발달한 정서적으로 중요한 사람에 대한 감정들이 분석 상황에서 환자의 아동기 경험을 상징적으로 재구성 하는 것에 의해 부활된다.

116) 하이만 스팟닛츠/이준호 역, 위의 책, pp. 271-272

117) 하이만 스팟닛츠/이준호 역, 위의 책, p. 239

118) 하이만 스팟닛츠/이준호 역, 위의 책, pp. 241-247

# 참 고 문 헌


천지혜(2011),"명화를 활용한 집단 미술치료가 만성정신분열증 환자의 삶의 질에 미치는 영향", 동국대학교 석사.

Bion, W. R.(1957), "Differentiation of the Psychotic from the Non-Psychotic Personalities", *International Journal of Psycho-Analysis*, 38:266-275.

Bion, W. R.(1959), "Attacks on Linking", *International Journal of Psycho-Analysis*, 40:308-315.

Bion, W. R.(1962), "The Psycho-Analytic Study of Thinking", *International Journal of Psycho-Analysis,* 43:306-310.

Boesky, D.(1982), "Acting out: A Reconsideration of the Concept", *International Journal of Psychoanalysis*, 63.

Freud, S.(1920), "쾌락 원칙을 넘어서", 『정신분석학의 근본 개념』, 윤희기, 박찬부 옮김, 1997, 열린책들.

Freud, S.(1923), "자아와 이드", 『정신분석학의 근본 개념』, 윤희기, 박찬부 옮김, 1997, 열린책들.

Freud, S.(1937), "끝이 있는 분석과 끝이 없는 분석", 『끝이 있는 분석과 끝이 없는 분석』, 임진수 옮김, 2005, 열린책들.

Hinshelwood, R. D.(1996), 『임상적 클라인』, 이재훈 옮김, 2006, 한국심리치료연구소.

Joseph, B.(1989),『Psychic Equilibrium and Psychic Change』, Routledge.

Klein, M. 『아동 정신분석』, 이만우 옮김, 2011, 새물결

Klein, M.(1952), 『On The Development of Mental Functioning』, London the Hogarth Press and the Institute of Psycho-Analysis, pp. 236-246

Lee, Joon Ho(2013), *"Difficulties With Staying in a Relation-*

*ship: To Stay or To Go"*, Boston Graduate School of Psychanalysis.

Lindner, R. *"The Jet-Propelled Couch, Part Ⅱ: Return to Earth"*, Harper's Magazine 1954, Dec.

Luborsky, L. and Luborsky, E(1993), *"The Era Of Measures Of Transference: The CCRT & Other Measures"*, Journal of the American Psychoanalytic Association, 41S:329-351.

Luborsky, L.(1990b), 『Understanding Transference-The CCRT Method』, American Psychological Association.

Margolis, B. D.(1979), *"Narcissistic Transference: The Product of Overlapping Self and Object Fields"*, Modern Psychoanalysis, 4:131-140.

Margolis, B. D.(1981), "Narcissistic Transference: Further Considerations", *Modern Psychoanalysis*, 6:171-182.

Margolis, B. D.(1983), *"The Contact Function of the Ego: Its Role in the Therapy of the Narcissistic Patient"*, Psychoanalytic Review, 70:69-81.

Margolis, B. D.(1983), "The Object-Oriented Question: A Contribution to Treatment Technique", *Modern Psychoanalysis*, 8:35-46.

Margolis, B. D.(1984), "Notes on Narcissistic Resistance", *Modern Psychoanalysis*, 9:149-156.

Margolis, B. D.(1987), "Treatment and Transition: Observations on Modern Psychoanalysis", *Modern Psychoanalysis*, 12:163-177.

Margolis, B. D.(1994), "Joining, Mirroring, Psychological Reflection: Terminology, Definitions, Theoretical Considerations", *Modern Psychoanalysis*, 19:211-226.

Meadow, P. W.(2003), 『The New Psychoanalysis』, Rowman & Littlefield Publishers, Inc.

Mitchell, J.(1995), *"Coherence of the Relationship Theme: An Extension of Luborsdy's Core Conflictual Relationship Theme Method"*, Psychoanalytic Psychology, 12(4), 495-512.

Ogden, H. 『경험의 원시적 경계』, 김도애.류가미 공역, 2014, 경남가족연구소.

Searles, H. F. (1962), *"The Differentiation Between Concrete and Metaphorical Thinking in the Recovering Schizophrenic Patient"*, Journal of the American Psychoanalytic Association, 10:22-49.

Searles, H. F.(1965), *"Phase of Patient-Therapist Interaction in the Psychotherapy of Chronic Schizophrenia(1961)"*, 『Collected Papers on Schizophrenia and Related Subjects』, International Universities Press.

Searles, H. F.(1965), *"The Evolution of the Mother Transference in Psychotherapy with the Schizophrenic Patient(1961)"*, 『Collected Papers on Schizophrenia and Related Subjects』, International Universities Press.

Searles, H. F.(1965), *"The Sources of the Anxiety in Paranoid Schizophrenia(1961)"*, 『Collected Papers on Schizophrenia and Related Subjects』, International Universities Press.

Searles, H. F.(1965), *"Schizophrenic Communication(1961)"*, 『Collected Papers on Schizophrenia and Related Subjects』, International Universities Press.

Searles, H. F.(1965), *"Phase of Patient-Therapist Interaction in the Psychotherapy of Chronic Schizophrenia(1961)"*,

『Collected Papers on Schizophrenia and Related Subjects』, International Universities Press.
Segal, H.(1988), 『멜라니 클라인: 멜라니 클라인의 정신분석』 이재훈 옮김, 1999, 『멜라니 클라인: 멜라니 클라인의 정신분석』 한국심리치료연구소.
Segal, H.(1972), "A Delusional System as a Defence Against the Re-Emergence of a Catastrophic Situation", *International Journal of Psychoanalysis*, 53:393-401.
Shedler, J.(2009) "Guide to SWAP-200 Interpretation".
Shedler, J.(2015), "Integrating Clinical and Empirical Perspectives on Personality: The Shedler-Westen Assessment Procedure(SWAP)"
Spotnitz, H.(2004), 『정신분열증 치료와 모던정신분석』, 이준호 옮김, 2016, 한국심리치료연구소
Spotnitz, H.(1962), *"The Need for Insulation in the Schizophrenic Personality"*, Psychoanalytic Review; 49C: 3-25.
Spotnitz, H.(1985), "Discovering New Truths: How to Channel Destructivity", *Modern Psychoanalysis*, 10:5-12.
Sternbach, O.(1975), "Aggression, the death drive and the problem of sadom asochism. A reinterpretation of Freud's second drive theory" .*Internal Journal of Psychoanalysis*, 56:321-333

## 〈검색 사이트〉

http://www.newsmp.com/news/articleView.html?idxno=86830참조
https://blutouch.net:6001/health/healths3_2.asp
http://news.naver.com/main/read.nhn?mode=LSD&mid=sec&sid1=103&oid=057&aid=0000909200참조

도서 1

## 한국심리치료연구소 총서

### 정 신 분 석 학 일 반

- 꿈 상징 사전 Eric Ackroyd 지음/ 김병준 옮김
- 나의 이성, 나의 감성 De Gregorio, Jorge 지음/ 김미겸 옮김
- 모성의 재생산 Nancy Chodorow 지음 / 김민예숙 · 강문순 옮김
- 비교정신분석학 / 오채근 편저
- 왜 정신분석인가? Roger Perron 지음/ 표원경 옮김
- 의례의 과정 Victor Turner 지음/ 박근원 옮김
- 정신분석 용어사전 지음/ 이재훈 외 옮김
- 정신분석 주요개념 I · II Moore and Fine 지음/ 이재훈 외 옮김
- 참자기 J.F. Masterson 지음/ 임혜련 옮김
- 환자에게서 배우기 Patrick J. Casement 지음 / 김석도 옮김

### 대 상 관 계 이 론 분 야

- 교육, 허무주의, 생존 D. Holbrook 지음 / 이재훈 옮김
- 대상관계이론과 정신병리학 Frank Summers 지음/ 이재훈 옮김
- 정신분석학적 대상관계이론 J. Greenberg & S. Mitchell 지음 / 이재훈옮김
- 대상관계 개인치료 I · II Jill & David Scharff 지음 / 이재훈 · 김석도 옮김
- 대상관계 집단치료 Charles Ashbach & Victor Shermer 지음 / 이재훈 옮김
- 대상관계 가족치료1 Jill & David Scharff 지음/ 이재훈 옮김

- 대상관계 부부치료 Jill & David Scharff 지음/ 이재훈 옮김
- 단기 대상관계 부부치료 James Donovan 지음/ 이재훈 · 임영철 옮김
- 대상관계 단기치료 Michael Stadter 지음/ 이재훈 · 김도애 옮김
- 초보자를 위한 대상관계 심리치료 Jill & David Scharff 지음 /오규훈 · 이재훈 옮김
- 편집증과 심리치료 W. W. Meissner 지음 / 이재훈 옮김
- 프로이트 이후 S. Mitchell & M. Black 지음/ 이재훈 · 이해리 옮김
- 심각한외상과대상관계 Stephen Prior 지음/ 김소희옮김

## 비온의정신분석이론

- 흑암의 빛줄기 James Grotstein 지음 / 이재훈 옮김
- 그러나 동시에 또 다른 수준에서 – 클라인/비온학파 정신분석학 I James Grotstein 지음 / 이재훈 외 옮김
- 분석적 장 Antonino Ferro & Roberto Basile 지음 /이재훈 옮김
- 그러나 동시에 또 다른 수준에서 Ⅱ James Grotstein 지음 / 이재훈 & 박동원 옮김 (분류: 비온의 정신분석 이론)
- 정신분석과 이야기하기 Antonino Ferro 지음 / 김유진 & 이재훈 옮김 (분류: 비온의 정신분석 이론)
- 비온 정신분석사전 Rafael E. Lopez-Corvo 지음 / 이재훈 옮김

## 위니캇의정신분석이론

- 그림놀이를 통한 어린이 심리치료 D. W. Winnicott 지음 / 이재훈 옮김
- 놀이와 현실 D. W. Winnicott 지음/ 이재훈 옮김
- 박탈과 비행 D. W. Winnicott 지음 / 이재훈 · 박경애 · 고승자 옮김

- 성숙과정과 촉진적 환경 D. W. Winnicott 지음 / 이재훈 옮김
- 소아의학을 거쳐 정신분석학으로 D. W. Winnicott 지음 / 이재훈 옮김
- 울타리와 공간 D. Wallbridge & M. Davis 지음 / 이재훈 옮김
- 100% 위니캇 Anne Lefvere 지음/ 김유빈 옮김

## 클라인의 정신분석이론

- 멜라니 클라인 Hanna Segal 지음 / 이재훈 옮김
- 임상적 클라인 R. D. Hinshelwood 지음 / 이재훈 옮김
- 애도 Susan Kavaler-Adler 지음 / 이재훈 옮김

## 페어베언의 정신분석이론

- 성격에 관한 정신분석학적 연구 Ronald Fairbairn 지음 / 이재훈 옮김

## 코헛의 정신분석이론

- 자기의 분석 Heinz Kohut 지음 / 이재훈 옮김
- 자기의 회복 Heinz Kohut 지음 / 이재훈 옮김
- 정신분석은 어떻게 치료하는가? Heinz Kohut 지음/ 이재훈 옮김
- 하인즈 코헛과 자기심리학 Allen M. Siegel 지음 / 권명수 옮김
- 하인즈 코헛의 자기심리학 이야기 1 / 홍이화 지음

## 컨버그의 정신분석이론

- 내면세계와 외부현실 Otto Kernberg 지음 / 이재훈 옮김
- 대상관계 이론과 임상적 정신분석 Otto Kernberg 지음 / 이재훈 옮김

- 인격장애와 성도착에서의 공격성 Otto Kernberg 지음 / 이재훈 · 박동원 옮김

## 융 의 정 신 분 석 이 론

- C.G. 융 Elie Humbert 지음 / 김유빈옮김
- C.G. 융과 후기 융학파 Andrew Samuels 지음/ 김성민 옮김

## 모 던 정 신 분 석 이 론

- 정신분열증치료와모던정신분석 Hyman Spotnitz 지음 / 이준호옮김

## 크 리 스 토 퍼 볼 라 스 의 저 서

- 끝없는 질문 Christopher Bollas 지음 / 이재훈 옮김
- 대상의 그림자 Christopher Bollas 지음 / 이재훈 외
- 환기적 대상 세계 Christopher Bollas 지음 / 이재훈 옮김

## 마 이 클 아 이 건 의 저 서

- 감정이 중요해 Michael Eigen 지음 / 이재훈 옮김
- 깊이와의 접촉 Michael Eigen 지음 / 이재훈 옮김
- 독이 든 양분 Michael Eigen 지음 /이재훈 옮김
- 무의식으로부터의 불꽃 Michael Eigen 지음 / 이준호 옮김
- 신앙과 변형 Michael Eigen 지음 / 이재훈 옮김
- 심연의 화염 Michael Eigen 지음 / 이재훈 옮김
- 정신증의 핵 Michael Eigen 지음 / 이재훈 옮김

## 자 폐 치 료 관 련

- 살아있는 동반자 Anne Alvalez 지음/ 이재훈 외 옮김
- 상상을 위한틀 Judith Mitrani 지음 / 이재훈옮김
- 아동 자폐증과 정신분석 Roger Perrson & Denys Ribas 지음 /권정아 · 안석 옮김
- 아스퍼거 아동으로 산다는 것은? Alenka Klemenc 외 지음 /이재훈 옮김
- 자폐아동을 위한 심리치료 Frances Tustin 지음 / 이재훈 외 옮김
- 자폐아동의부모를 위한 101개의 도움말 A.Miller & T. Smith 지음 /최주언 옮김
- 자폐적 변형 Celia Fix Korbivcher 지음 /이재훈 · 최윤숙 옮김

## 유 아 / 어 린 이 심 리 치 료

- 아기에게 말하기 Myriam Szejer 지음 / 김유진 · 이재훈 옮김
- 유아의 심리적 탄생 M. Mahler & F. Pine 지음/ 이재훈 옮김

- 스토리텔링을 통한 어린이 심리치료 세트 (가이드북+동화책, 총 19권) Margot Sunderland 지음/ 이재훈 외 옮김

– 감정을 억누르는 아동을 도우려면 (감정을 숨기는찬이)
– 강박증에 시달리는아동을 도우려면 (너무 반듯한죠)
– 그리움 속에 사는 아동을 도우려면 (달님을 사랑한 프록이)
– 꿈과 희망을 잃은아동을 도우려면 (꿈을 이룬콩이)
– 두려움이 많은 아동을 도우려면 (세상이 너무무서운티니위니)
– 마음이 굳어진 아동을 도우려면 (꼬마 깡패 아롬이)

- 분노와 증오에 사로잡힌 아동을 도우려면 (친절을 미워한 헤이티)
- 상실을 경험한 아동을 도우려면 (바다가 사라진 날)
- 자존감이 낮은 아동을 도우려면 (쓰레기통 속으로들어간진주)
- 스토리텔링을통한어린이심리치료(전체가이드북- 1권)

## 심리학 / 정신의학

- 난 멀쩡해 도움 따윈 필요 없어! Xavier Amador 지음 / 최주언 옮김

## 정신분석과 기독교

- 그리스도인의 원형 Edward F. Edinger 지음 / 이재훈 옮김
- 목회와 성 G. L. Rediger 지음 / 유희동 옮김
- 살아계신 하나님과 우리의 살아있는 정신
  A. Ulanov & A.Dueck 지음 / 김병오 옮김
- 살아있는 신의 탄생 Ana-Maria Rizzuto 지음 / 이재훈 옮김
- 살아있는 인간문서 Charles Gerkin 지음/ 안석모 옮김
- 성서와 정신 E. Edinger 지음 / 이재훈 옮김
- 신경증의 치료와 기독교 신앙 A. Lechler 지음 / 김성민 옮김
- 신데렐라와 그 자매들 Ann & Barry Ulanov 지음 / 이재훈 옮김
- 신학과 목회상담 Debohra Hunsinger 지음 / 이재훈 · 신현복 옮김
- 외상, 심리치료 그리고 목회신학 / 김정선 지음
- 영성과 심리치료 Ann Belford Ulanov 지음 / 이재훈 옮김
- 융의 심리학과 기독교 영성 Erna van de Winckel 지음 / 김성민 옮김
- 인간의 관계 경험과 하나님 경험 Michael St. Clair 지음 / 이재훈 옮김
- 인간의 욕망과 기독교 복음 Francoise Dolto 지음/ 김성민 옮김
- 전환기의 종교와 심리학 James Johns 지음 / 이재훈 옮김

- 정신분석과 기독교 신앙 Francoise Dolto 지음 / 김성민 옮김
- 종교와 무의식 Ann & Barry Ulanov 지음 / 이재훈 옮김
- 치유의 상상력 Ann Belford Ulanov지음 / 이재훈 옮김
- 희망의 목회상담 Andrew Lester 지음 / 신현복 옮김
- 현대정신분석학과 종교 James Jones 지음 / 유영권 옮김

## 정 신 분 석 아 카 데 미 시 리 즈

- 성애적 사랑에서 나타나는 자기애와 대상애 – 영화 '피아노'분석을 중심으로 / 문현아 지음
- 싸이코패스는 누구인가? – 영화 '케빈에 대하여'를 중심으로 / 박문현 지음
- 영조, 사조세자, 정조 그들은 왜? – 임오화변에 대한 정신분석학적 고찰 / 서정미 지음
- 정신분석에서의 종결 – 이론적 고찰 / 윤종민 지음

도서 2
## 출간 예정 도서

정신분석 기법과 이론 **전이 담기**

**쥬디스 L. 미트라니 (Judith L. Mitrani)**

미국 L.A. NCP 정신분석연구소 슈퍼바이저
IPA 정신분석가,
Francis Tustin 기념학술지 편집자,
「A Framework for the Imaginary
(상상을 위한 틀)」 저술

한국심리치료연구소 (2017. 5) / 2 만원

정신분석 아카데미시리즈 5

# 정신분열증, 그 환상의 세계로 가다

: 타임머신 사나이와의 대화

발행일 2017년 6월 1일

지은이 박순아
펴낸이 이재훈
펴낸곳 한국심리치료연구소

주소 서울시 종로구 새문안로5가길 28,
(적선동, 광화문플래티넘) 918호
전화 02) 730-2537~8
팩스 02) 730-2539
홈페이지 www.kicp.co.kr
E-mail kicp21@naver.com
등록 제22-1005호(1996년 5월 13일)

정가 7,500원
ISBN 978-89-97465-31-6 93180

이 도서의 국립중앙도서관 출판시도서목록(cip)은 홈페이지
(http://www.nl.go.kr/cip.php)에서 이용하실 수 있습니다.
(제어번호: 2017012021)